消滅可能性都市

としま F1 会議

270日の挑戦

萩原 なつ子 編著
立教大学 教授・としまF1会議 座長

2014

11/08 ▸▸▸ 第5回としまF1会議開催（チーム打合せ、プランの発表・意見交換）

11/26 ▸▸▸ ワンポイントアドバイス
12/02 プラン発表に向け、萩原座長やアドバイザー委員を交えて
プランをブラッシュアップ

12/11 ▸▸▸ 第6回としまF1会議（第3回持続発展都市推進本部）、
区長にプランを発表

2015

02/04 ▸▸▸ 平成27年度予算案発表、F1会議提案11事業8,800万円予算化

02/12 ▸▸▸ としまF1会議報告会（プランの予算化状況・検討状況の報告）

05/07 ▸▸▸ 新庁舎オープン
としまF1会議の提案を受け、
「子育てインフォメーション（子育てナビゲーター）」開設

07/10 ▸▸▸ 豊島区総人口28万人突破（2年間で1万人増）

07/15 ▸▸▸ 妊娠届から始まるよりそい型継続支援
「ゆりかご・としま事業」スタート

08/11 ▸▸▸ 日本版CCRCの実現に向け、区長・秩父市長・
日本創成会議増田座長による三者会談

09/16 ▸▸▸ 区長月例記者会見
女性目線に立ったパブリックトイレ構想発表

10/01 ▸▸▸ 広報としま特別号「としまplus」発行
としまF1会議の提案を受け、
雑誌スタイルの広報紙試行発行「としま子育て特集」

10/20 ▸▸▸ ワーク・ライフ・バランスについて考える
「としま100人社長会」開催
としまF1会議の提案を受け、区内企業トップ層を対象とする
ワールド・カフェ実施

2016

02/03 ▸▸▸ 平成28年度予算案発表、
女性にやさしいまちづくり関連事業に重点化

04/01 ▸▸▸ 民間公募の「女性にやさしいまちづくり担当課長」新設

「消滅可能性都市」対策関連年表

2014

05/08 ▶▶▶ 日本創成会議「ストップ少子化・地方元気戦略」発表
23区で唯一消滅可能性都市との指摘を受ける

05/16 ▶▶▶ 第１回豊島区消滅可能性都市緊急対策本部
緊急対策として「としまF1会議」の設置を決定

05/26 ▶▶▶ 第２回豊島区消滅可能性都市緊急対策本部

05/29 ▶▶▶ 区長月例記者会見
「としまF1会議」「としま100人女子会」開催を発表

06/13 ▶▶▶ 第３回豊島区消滅可能性都市緊急対策本部

06/19 ▶▶▶ 第４回豊島区消滅可能性都市緊急対策本部

06/23 ▶▶▶ 区長月例記者会見
「としま鬼子母神プロジェクト」発表

07/19 ▶▶▶ としまF1会議キックオフイベント
「としま100人女子会」開催

07/24 ▶▶▶ 第５回豊島区消滅可能性都市緊急対策本部
緊急対策本部解散、持続発展都市推進本部体制へ移行
（全部局体制に拡大）

07/30 ▶▶▶ 区長月例記者会見
空き家・空き室を活用した「リノベーションまちづくり」発表

08/09 ▶▶▶ 第１回としまF1会議開催
（100人女子会報告、テーマ検討、チーム編成）

08/28 ▶▶▶ 第１回豊島区持続発展都市推進本部

08/30 ▶▶▶ 第２回としまF1会議開催（チーム打合せ、調査・研究の中間報告）

09/00 ▶▶▶ としま鬼子母神プロジェクトスタート

09/20 ▶▶▶ 第３回としまF1会議開催（チーム打合せ、調査・研究報告）

10/19 ▶▶▶ 第４回としまF1会議開催
（チーム打合せ、検討中プランの中間発表）

10/28 ▶▶▶ 第２回豊島区持続発展都市推進本部
「としまF1会議」提案の新規・拡充事業化について、
各所管からの提出を指示

まえがき

２０１４年5月、「日本創成会議」により東京23区で唯一「消滅可能性都市」と指摘を受けた豊島区。「奈落の底に落とされた」とショックを隠せなかった高野之夫区長。しかし、すぐさま緊急対策本部を立ち上げた。

「20代、30代の女性たちが豊島区からいなくなる!?」

この危機感を持った区役所の女性管理職たちが動いた。人口減少に歯止めをかけるために、出生率の向上や少子化対策の話にどうしてもなりがちだが、それでは女性の多様な生き方、価値観に寄り添ったものにならない。

そこで女性管理職たちは女性たちが住み続けたいと思えるようなまちづくりを目指す「総合的な女性施策」の重要性を区長に訴えた。そして本書の主人公、としまＦ１会議の設置が決定した。としまＦ１会議のコンセプトは、当事者である若い女性の意見やニーズを掘り起こす場。Ｆにはfemale、formula、future、fortuneの４つの意味が込められている。

7月19日のキックオフミーティングから翌年2月12日の予算報告会までの270日間。さながらF1レースのように、としまF1会議は駆け抜けた。ヘアピンカーブもなんのその、果敢にアクセルを踏み続けたドライバーは32名。そして遂には、としまF1会議の政策提案の中から、11事業に8800万円の予算がついたのである。

本書は決してサクセス・ストーリーではない。「消滅」という言葉に衝撃を受け、危機感と問題意識を共有し、「まちを良くするのは誰？　私でしょう！」という当事者意識を持って、としまF1会議に積極的に関わったメンバーが、「私たちが豊島区を消滅可能性都市にしません」と宣言するまでの「笑いあり、涙あり、冷や汗あり」のプロセス・ストーリーである。

「ピンチをチャンスに！」を合言葉に、「女性にやさしいまちづくり」を目指すとしまF1会議の取り組みが、「日本創成会議」により「消滅可能性」と指摘された自治体、そして男女共同参画のまちづくり、市民協働のまちづくりに関心のある方々にとって少しでも参考となれば幸いである。

本書をまとめるにあたって、日本生産性本部 千田歩美さん、生産性出版の村上直子さんに多くの配慮と叱咤激励をいただいた。とりわけ駅伝のタスキのように、それぞれの書き手がとしまＦ１会議にまつわるエピソードを記憶と記録をたどりながら文章にしたものを個性を損なうことないように見事にまとめていただいたことに深く感謝したい。

最後に、としまＦ１会議に関わってくださったすべての方々に心からお礼申し上げたい。

２０１６年６月吉日

としまＦ１会議 座長　萩原なつ子

目次

カバーデザイン・本文レイアウト　サン印刷通信

本文中の肩書きはすべて当時のものです。

プロローグ

ある日突然、消滅可能性都市と呼ばれて

としまF1会議アドバイザー委員
矢作 豊子（豊島区広報課長）

すべては1本の電話からはじまった

2014年5月8日、その電話がかかってきたのは、昼休み直後の少しゆったりした気分でいたときだった。ちょうどその日の午前中に区長インタビュー取材が2件も重なり、いずれも無事に終えて、幾分緊張がほどけていたせいもあったかもしれない。

そのうちの1件は、リクルート住まいカンパニーの取材。リクルート住まいカンパニーと言えば、2カ月前の2014年3月5日に、SUUMOジャーナルに「みんなが選んだ『住みたい街ランキング』2014年関東版」(関東圏に居住する20～40歳代を対象にしたアンケート)を発表した、まさにそのお膝元である。

同ランキングで、吉祥寺、恵比寿に次ぎ、池袋が昨年の13位からなんと3位へ、一躍トップ3にランクインした。それまであまり人気のなかった女性層の支持が、昨年18位から7位に大幅上昇したことが、ランクアップの主な要因とされた。

そう言えば、年が明けて以来、さまざまなメディアで池袋が取り上げられることが目に見えて増えていた。次がその主な記事である。

・「女性の『アキバ』池袋――サブカル、変身願望集う街」（２０１４年１月９日産経新聞）
・東洋経済ONLINE特集記事《この街の論点》「『芸術で食う』街に変貌？　池袋の大胆改革――借金23区ワースト１から文化の街へ大改造」（２０１４年１月14日）
・HOME'S「人気の街ランキング」（２０１３年中にHOME'Sに掲載した賃貸物件への問い合わせ件数のランキング）で、池袋が第１位（２０１４年１月27日）
・日本経済新聞《副都心線繁盛記》「乙女で華やぐ池袋」（２０１４年３月６日、同11日）
・ヤフーニュース（Business Journal配信）「〝ダサい〟池袋、なぜ人気＆人口急増？　おしゃれスポット続々、集客力や行政努力も効奏」（２０１４年４月６日）
・ＴＢＳテレビ『いっぷく！』「池袋駅の副都心線直通による経済効果……なんと３４６億円」（２０１４年４月30日）

どの記事も、池袋の街に若者、特に若い女性たちが集まってきていることを伝えるものだった。かつて池袋と言えば、「クライ、コワイ、キタナイ」の３Ｋの代名詞のように言われ、若者より「オジサン」たちの歓楽街として、さもなくば、若者は若者でも、テレビドラマ化された石田衣良氏の小説「池袋ウエストゲートパーク」に登場するカラーギャングたちが闊歩する街としてのイメージが強かった。

そんな池袋が、若い女性たちの集まる「オシャレ」な街に変貌しつつあることに、メディアが注目し始めていた。そして、その変貌ぶりの要因の一つとして、文化によるまちづくり、安全・安心のまちづくりを進めてきた行政の取り組みを評価する声も多かった。おかげで、区長取材の申し込みが増え、その調整にあたる広報課長の仕事も増え、まさにうれしい悲鳴というわけだ。

特に、ゴールデンウィーク中（2014年4月30日）に放映されたTBSテレビの情報番組『いっぷく！』は、前述の「住みたい街ランキング」で池袋が第3位に大幅ランクアップしたことを取り上げ、女性に人気の街としてイメージアップしてきている池袋をさまざまな角度から紹介。関西大学大学院宮本勝浩教授の試算による池袋駅の副都心直通による経済効果が346億円という数字を、出演者たちが一様に驚きをもって伝える内容だった。

そして、この346億円という数字は、区にとっても驚くべきものだったのである。

1年前の東急東横線・東京メトロ副都心線の相互直通により、横浜から渋谷・新宿・池袋を経て、東武東上線、西武池袋線まで、神奈川から埼玉方面が1本でつながり、当初、池袋駅は通過駅になるのではないかと危機感すら抱いていた。それが1年が経ち、逆に乗降客が増えている現状に胸を撫で下ろすばかりか、大きな経済効果を生み出しているというのだから、うれしい驚きである。

放送のあった翌々日の5月2日、東京MXテレビで区長が生出演する番組の収録に随行し、その帰途の車中で、

「矢作君、あの経済効果の数字には驚いたね。しかし、これまで役所はそういう分析をしてこなかった。池袋のさまざまなポテンシャルをきちんと分析するPT（プロジェクトチーム）を立ち上げよ！」

と、区長からも檄《げき》を飛ばされ、連休明けの5月8日午後5時に、早速そのPTの打ち合わせが行われる予定であった。

「日本創成会議」記者発表で事態が一転！

そのまさに当日、事態を一転させる電話がかかってきたのである。

顔見知りの記者からの電話に、何のためらいもなく受話器を取り上げた耳に響いてきた言葉は、まったく想定外のものだった。

「今日、午後3時から日本創成会議が記者会見することを知っていますか？」

「えっ、ニホンソウセイカイギ？」

「人口減少問題で、消滅可能性都市についての発表があるようです」

「ショウメツカノウセイトシ？」

くわしい内容は記者発表を待たなければならないが、どうやらその消滅可能性都市に豊島区が23区で唯一入っているらしいとのこと、発表があったら夕方までに区長コメントが欲しいという内容だった。

「ショウメツ？　カノウセイトシ……って、一体、なんなのよ！」

受話器を置いた後、多分ポカンとした顔をしていたのだと思う。気遣うような部下の視線で我に返った。

すぐさま会議中の区長のもとに第一報の緊急メモを入れる。ちょうど、各部局の今年度の組織目標プレゼンがはじまるところだったが、メモを見た区長の顔色がさっと変わる。

「一体、なんなんだ！」

と、区長の顔も言っているようだ。こうして訳もわからないまま、「消滅可能性都市」としての豊島区の闘いは、はじまったのだった。

ターゲットはF１女性

日本創成会議の発表は、まさに嵐の幕明けだった。

しかし、区長の決断は早かった。その日のうちに、緊急対策本部の設置が下命された。所管は企画課。企画課長の佐藤和彦参事は、前防災課長で３・11東日本大震災後の混乱をくぐりぬけてきた強者《つわもの》である。危機には強い。

まずは、日本創成会議の発表内容の検証が第一のミッションである。ホームページからプレス資料「ストップ少子化・地方元気戦略」をダウンロードし、企画課を中心に、消滅可能都市とされた要因の分析がはじまった。

民間有識者会議である日本創成会議・人口減少問題検討分科会（座長：増田寛也東京大学大学院客員教授）の推計によれば、2040年に20〜39歳の若年女性の人口が、2010年比で50％未満になる自治体が、全国1800市区町村（政令市の行政区を含む）の49・8％にあたる896自治体に上るという。出産に適した年齢期の女性の人口動態に着目し、「国立社会保障・人口問題研究所（略称：社人研）」による日本の地域別将来推計人口（平成25年3月推計）をもとに独自に試算した推計値に基づき、若年女性の減少率が50％を超えて人口の再生産が困難になり、将来消滅する可能性がある「消滅可能性都市」として、896の具体的な自治体名が発表された。

また、人口減少の最大要因は若者の大都市への流出であり、特に東京一極集中の是正が急務であり、少子化対策（ストップ少子化）を進めるとともに、地方からの人口流出に歯止めをかける対策（地方元気戦略）の必要性が提言された。

896自治体のほとんどがいわゆる地方都市であり、日本創成会議の提言の趣旨も、そうした地方の自治体、さらに国に対して危機感をもって対策の推進をうながすものであったことは疑いようもないが、なぜかその896自治体の中に豊島区が入っていた。東京一極集中の原因側とも言える豊島区が、である。

日本創成会議による豊島区の人口推計は、2010年の総人口28万4678人、うち20～39歳の女性人口5万1136人と、そもそも総人口比に占める若年女性の割合が極めて低い。それが2040年には総人口27万2688人、20～39歳の女性人口2万4666人に減少すると推計された。総人口が4・2％減に対し、若年女性の減少率は50・8％減にのぼっている。

正直に言って、この推計結果には違和感を覚えた。豊島区は日本一人口密度の高い都市であり、地方都市が人口減少に転じている中、近年、人口増加傾向が続いている。

また、減少傾向にあった年少人口、出生数、合計特殊出生率も、2005年前後を底にわずかではあるが増加傾向に転じている。社人研へ問い合わせたところ、人口移動率については、2010年および2000年以前の国勢調査の動向を反映して算定しているとのことであり、住民記録台帳ベースで区が把握している最近の動向が反映されているようには思えなかった。

しかし、いずれにせよ、豊島区の人口は、出生数を死亡数が上回る自然減の数が都内最多であり、人口増の要因は他自治体からの人口流入、すなわち社会増に負っていることは確かである。将来、地方の人口が減少していけば、豊島区の人口減も避けられない現実となる。

そうした検証結果に基づき、消滅可能性都市との指摘に戸惑いを感じつつも、日本創成会議の提言を人口減少社会に対する警鐘として受け止め、豊島区だけではなく日本社会全体の問題としてとらえ、その中で豊島区としてどのような対策を打ち出していくべきかが焦点となった。

5月8日の日本創成会議の発表の1週間後、5月16日の第1回消滅可能性都市緊急対策本部の開催を控え、連日、主だった関係者による打合せが重ねられた。

そんな慌ただしい日々の中で、ふと思いついて、佐藤企画課長のもとに行き、

「まずは当事者である20～30歳代の若年女性の声を聴く場を設けてみたらどうか」

と、思いつきのまま提案してみた。

「それ、いいいんじゃないかな」

強者《つわもの》であるうえ、柔軟性にも富んでいる。さすがである。企画課長の即答に力を得て、若年女性中心の会議に対するイメージが広がっていく。会議の中身が大事なのは言うまでもないが、会議の名称も大事だと思った。名前にこだわるのは広報課長の性《さが》である。いわゆる「〇〇審議会」「〇〇検討委員会」といった、いかにも役所の会議風のお堅い名称は避けたかった。

「何か、20、30歳代の女性を表すような、いいネーミングがないかな？」

それとなく、周りの職員に聞いてみると、いつもネット上から有用な情報を掘り出してくれるホームページ担当の係長が、

「課長、こんなのどうでしょう？」

と、プリントアウトした1枚の紙を差し出してくれた。

そこにあったのは「F1層」という耳慣れない言葉だった。

F1層「20〜34歳までの女性。広告・放送業界のマーケティング用語だったが、2005年ごろから広く使われるようになった。Fはfemaleの頭文字で、以下F2は、35〜49歳の女性、F3は、50歳以上の女性を指す。（以下略）」【出典：コトバンク検索による「知恵蔵2014の解説」（大迫秀樹　フリー編集者）】

一瞬、自分がF3にカテゴライズされていることにチクリと胸が痛んだが、「これだ!」とピンときた。また、34歳までという点も引っかかるが、この際、そんな細かなことは目をつぶろう。シンボリックで覚えやすいネーミングであることが第一である。

早速、企画課長のもとに折り返し、

「としまF1会議ってどう?」

と、プリントアウトしてもらった紙を差し出し、またも思いつきのままを提案した。

「それ、いいんじゃないかな」

実に度量の広い人である。

かくして仮称だが会議名が決まり、会議の所管も男女平等推進センターが担当することになった。同センターの小椋瑞穂所長は、4月に昇任したばかりのフレッシュ女性課長である。新しいことに取り組むにはうってつけの人材だ。

こうして対策本部開催までの嵐のような1週間、連日打ち合わせを重ねる中で、少しずつ方向性が見えてきた。緊急対策としては、(仮称)としまF1会議などを通じて若年女性の意見を集約すること、さらに中長期的対策として、少子化対策に矮小化せず、女性に「選ばれるまち」を目指すための総合的な対策を検討していくという基本的な方向性が共有されていった。

特に、少子化対策に矮小化させないという考え方の背景には、女性管理職たちの強い声があった。

自治体として出生率をあげていくための環境づくりは重要だが、それだけに特化した対策は、下手をすれば戦前の「産めよ、増やせよ」のごとく、女性を「産む性」のみでとらえているかの誤解を生じかねない。産む、産まないは個人の問題であり、行政が手を突っ込むべき領域ではない。

行政の役割は、産みたいと思った人が産みやすい環境を作ることだ……そうした声が女性管理職たちの中からあがり、区長をはじめとする幹部たちもその声を受け止めてくれた。

張りつめた空気が役所内を覆う中、前日の5月15日には議会への報告もすませ、いよいよ翌日の対策本部開催に向け、大きく車輪が回り出したのだった。

走る！「消滅可能性都市緊急対策本部」

5月16日午前9時、第1回「消滅可能性都市緊急対策本部」が開かれた。区長を本部長とし、副区長、教育長以下、政策経営部、総務部、保健福祉部、子ども家庭部、保健所、建築住宅担当部、教育総務部など、関係部課長26名から構成される会議体であり、私もメンバーとして加わった。

パブリシティ対応と区民向けの広報・広聴が広報課長としての主なミッションではあるが、行きがかり上、としまF1会議のサポート役も買って出ていた。

当日の次第から議題を拾ってみると、次の通りで実にシンプルなものだ。いかに緊急にこの会議が招集されたかを物語っている。また、この1週間のうちに共有されてきた方向性について、正式な承認・決定を得ることが本部会議開催の趣旨でもあった。

1. 豊島区「消滅可能性都市緊急対策本部」の設置について
2. 平成26年5月8日に日本創成会議が発表した内容の分析結果報告
3. 今後の対策

4．スケジュール

そうした流れに沿って会議は進められ、としまF１会議についても、無事承認され、会議名称の頭にくっついていた「仮称」が外された。これで正式なゴーサインが出されたわけである。

さらに、この第１回本部会議で記憶に残るのは、もう一人のキーパーソンが颯爽と登場したことだ。中長期的な対策について、女性施策の総合的な展開という方向で意見集約がされつつあった中、静かに手をあげたのは、池袋保健所の尾本由美子健康推進課長だった。

「地方と共生していくという視点も必要ではないでしょうか」

尾本課長の静かな声が響く。

「おお！」

声にならない、賛同の空気が会議室内を覆った。

今回の「消滅可能性都市」との指摘については、豊島区だけの問題としてではなく、日本社会全体の問題としてとらえていく……というのが区の基本スタンスであった。尾本課長の発言は、そのスタンスに立ち返らせてくれるものだった。

内向きになっていた視点が、一気に外に開かれていくのを誰もが感じ、すぐさま納得した。

かくして、「総合的な女性施策（のちに「女性にやさしいまちづくり」に改称）と並び、「地方との共生」が対策の2本目の柱として位置づけられることとなった。

以降、第1回から7月24日の第5回まで、おおよそ月2回のペースで緊急対策本部は開催されたが、第3回の時点で、さらに対策の3本めの柱として「国際化」（のちに「日本の推進力」に改称）が加わった。

全国、地方だけでなく、世界に視野を置いたまちづくりを展開することで、「消滅可能性都市」から「持続発展都市」への転換を図っていこうとの狙いである。

そしてこの3本柱※のもとに、としまF1会議をはじめ、出産前からの切れ目ない支援を提供する「としま鬼子母神プロジェクト（子育ての神様である雑司が谷 鬼子母神に因む）」、空き家などの遊休不動産を活用し、子育て世代の住環境整備を図る「リノベーションまちづくり」、まち全体が舞台の誰もが主役になれる劇場都市「国際アート・カルチャー都市」づくりなど、区独自の新施策を次々打ち出していった。

区のこうした矢継ぎ早の対策の展開は、何よりスピード感を重視する区長のト

※緊急対策時の３本柱に現在は、「高齢社会への対応」を加えた４本柱でより総合的・横断的な対策の展開を図っている。

ップリードによるところではあったが、「消滅可能性都市」という実にショッキングなレッテルを貼られたことに対する職員の危機意識、さらには、そんなレッテルを跳ね返してやる……、言葉は悪いが「ザケンナヨ！」という意地のような気持ちもあったと思う。

ある意味では、日本創成会議の発表は、ショック療法のような効果をもたらしたと言える。事実、区の素早い対応には、区民からも評価する声が寄せられ、各メディアでも好意的に取り上げられた（おかげで広報課長の仕事は増える一方だが）。「ピンチをチャンスに」は区長の口グセだが、まさにその「倍返し！」の勢いで、3カ月足らずで緊急対策をまとめあげ、「消滅可能性都市緊急対策本部」は発展的に解消、より総合的、横断的な施策展開を図っていくために、全部長を本部員とする「持続発展都市推進本部」に引き継がれたのだった。

ただの会議じゃおもしろくない

話は、第1回緊急対策本部が開催された5月16日に遡る。

本部会議での決定を受け、小椋男女平等推進センター所長との珍（?）コンビによる、としまF1会議設置準備作業がスタートした。

会議メンバーの人選もさることながら、会議の座長を誰にお願いするのかも急を要する課題だった。そこで浮上してきたのが、地元池袋・立教大学の萩原なつ子教授である。専門も環境、ジェンダー、NPOと幅広いが、産官学すべてのフィールドを渡り歩いてきたキャリアとその人脈の広さには圧倒される。

実は、萩原教授とは旧知の仲だった。以前、自治協働推進担当課長だったときに、団塊世代の地域デビューを後押しする区民フォーラムを企画した。そのパネリストとして出演をお願いしに伺ったのが最初なので、かれこれ10年ほど前のことになる。

その当時、先生の研究室は現在の近代的なビル棟ではなく、ツタの絡まるレンガ造りの2階建ての1室で、建物の醸し出すぬくもりそのものの人柄で、お会いしてすぐに打ち解けて話ができた。

しかも、同じ年の申年生まれ。後日、先生から「ひとめ見て、同じ匂いがしたのよね、サルの匂い」と言われ、「どんな匂いじゃ」と思いながらも、サル仲間として認めていただき、何となくうれしかった。

かくして、萩原先生への座長お願い訪問には、サル仲間としてのよしみもあり、小椋所長の介添え役として、私も同行することになった。こうした経緯で萩原先生（以下、萩原座長）の研究室にお邪魔したのは、消滅可能性都市緊急対策の目玉として、としまF1会議の立ち上げを発表する、区長記者会見を2日後に控えた5月27日の夕刻だった。そしてこの訪問が、2日後の記者発表内容を大きく変え、さらにその後のとしまF1会議の方向性を大きく変えることになったのである。

再会のご挨拶もそこそこに、豊島区が消滅可能性都市の指名を受け、その緊急対策として、当事者である若い女性の声を聴く場として、としまF1会議を設置すること、その座長に是非、就いていただきたい旨を手短に説明する。

オフィシャルな雰囲気はそこまでだった。

「役所がやるような、ただの会議じゃおもしろくない！」

萩原座長のそのひと言で、空気が一変した。そこからは怒濤《どとう》のブレインストーミング、まさに嵐のようなアイデア出しのやり取りが続いた。

・会議メンバーの主体的な参加を引き出すためのキックオフイベントとして、

「100人女子会」を7月に開催する。

・豊島区に対する現状イメージ、望ましい未来イメージをワールド・カフェの手法を用いて引き出す。

・ワールド・カフェのコーディネーターには、萩原座長の教え子で、昨年（2013年）文部科学省主催の「男子学生のための男女共同参画ワールド・カフェ100人男子会」を手がけた古瀬ワークショップデザイン事務所、古瀬正也氏に依頼（その場で電話、委託内容や契約金額も未定のまま受諾を取りつける）。

・運動会のようにゲーム感覚で体を動かしながら参加者間のコミュニケーションを図る。会場となる体育館の確保、暑さ対策が課題。

・キックオフイベントの参加対象は、F1世代プラスかつてのF1世代も含めて幅広く募集、としまF1会議メンバーはF1世代を中心に、キックオフイベント参加者の中から募集するほか、区内事業所や大学にも呼びかけ、男性も含めた構成とする。

・さまざまな立場の幅広い議論を通じ、女性が暮らしやすいまちづくりのための意見・要望を集約、区へ提案する。

・提案を来年度予算に反映させるために、会議の開催は8～12月、月2回程度でF1レースのようにスピード感を持って取り組む↓萩原座長はF1チーム総監督。

・F1のFに、female、formulaだけでなく、future（未来）、fortune（幸福）の意味も加える。

わずか数時間の間に、来るときには思いもよらなかった展開へと大きく動き出し、萩原座長の研究室を辞したときには、F1周回コースを駆け抜けたレーサーのような気分だった。

「これはもう、走るっきゃないでしょ！」

翌日、区長に報告し、ゴーサインをもらうのと並行して、プレス資料を作成、翌々日には記者発表。

記者発表のテーマは「消滅可能性都市緊急対策本部の設置と対策の方向性」。対策の柱は「女性が暮らしやすい地域社会づくり」と「地方との共生」、そして何と言っても目玉は、としまF1会議とキックオフイベントの100人女子会（ワールド・カフェ大運動会）である。

記者発表の模様は、翌日の新聞各紙で大きく取り上げられたが、中には「若い女性、運動会で定住？」と揶揄する内容の記事もあった。

この記事の影響というわけではないが、実は運動会のアイデアは、後日お蔵入りとなった。コーディネーターの古瀬氏が、周りの若い女性にリサーチした結果、運動会は今どきの女子には「ウケない」とのことで、もっと気軽に参加できる「お茶会」に変更となった。

そうした微修正を加えながら、会場探し（地元の東京信用金庫が大会議室を提供してくれることになり、当日は同行員の若手女性も参加してくれることになった）、参加者募集のポスター・チラシの作成（古瀬氏のツテで、若い女性デザイナーが協力してくれ、およそ行政主催のイベントらしからぬ、かわいくておしゃれなできあがりになった）、公式WEBサイトの開設、「お茶会」の空間デザインから、フードコーディネーターまで古瀬氏のネットワークを総動員し、100人女子会に向けた準備は、日々、進んでいった。

参加者募集開始。果たして100人も集まってくれるだろうかという不安は杞《き》憂《ゆう》に終わり、応募は100人を超え、定員100人を120人に増やしても不足するくらいの勢いで参加者が集まってきたのである。

かくして、日本創成会議の発表からわずか2カ月余りの7月19日、としまF1会議キックオフイベントとしま100人女子会の幕があがった。

第1章

としまF1会議の道のり

32人（プラス6人）の闘い

としまF1会議アドバイザー委員
小椋 瑞穂（豊島区男女平等推進センター所長）

記者たちが注目した「としま100人女子会」

としま100人女子会の当日を迎えた。古瀬ワークショップデザイン事務所が手配した若い女性が中心となって、東京信用金庫の会議室にテーブル・イスを並べ、会場全体を女子会らしく飾りつけていく。

また、豊島区内の和菓子店のサブレや区内障害者福祉施設で作られたラスク、スタッフお手製のお菓子や飲み物も用意された。男女平等推進センター※（愛称は、エポック10《テン》）は通常業務があり、会場に出向ける職員は5名。鬼子母神プロジェクトの関係各課（健康推進課、長崎健康相談所、子育て支援課）からも応援職員がかけつけた。そのほかにも課長クラスの女性管理職も受付などを担当することになった。

午後1時に開場。「豊島区が将来、消滅する可能性がある」というセンセーショナルな話題は、報道機関にとっても関心が相当高いらしく、5台ほどのテレビカメラが設置され、約20名の報道記者が会場の周りを所狭しとばかりに占領している。

※男女平等推進センター
男女共同参画社会を実現するための拠点施設。

としま100人女子会で話し合われた内容は、23Pの小冊子にまとめられた（豊島区のホームページに公開されている）。

Program

プログラム（3時間の流れ）

1 

区長あいさつ

2 

「私のとしまイメージ」を考える

3 

ミニミニ講座
「ほんとはこんなところ!」
写真と数字でみる豊島区

4 

ワールド・カフェ
豊島区に住みたくなるには、
何があったらいいと思いますか?

5 

ワールド・カフェを受けて
個人の意見まとめ
グループの意見まとめ
各グループのまとめを共有!
全体セッション

6 

F1会議座長のコメント

資料協力　古瀬ワークショップデザイン事務所

参加者の内訳

93名

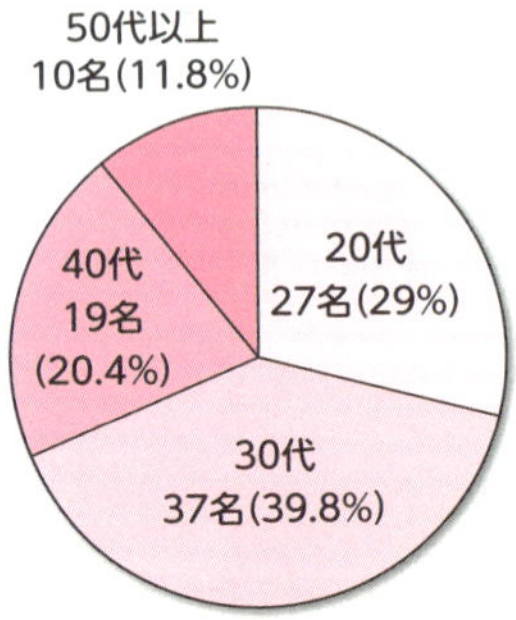

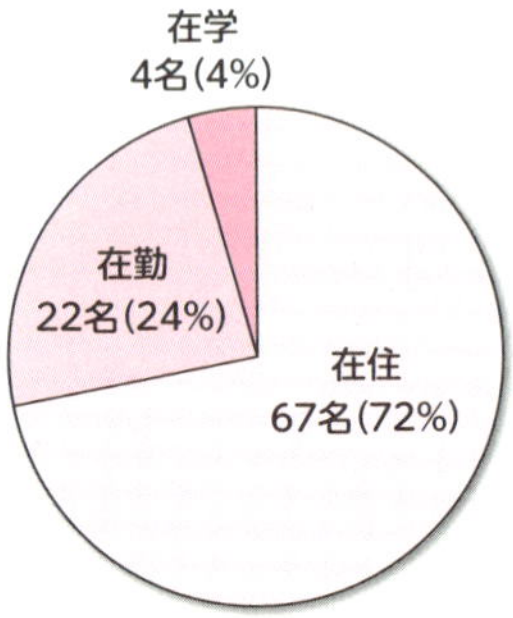

豊島区のイメージ

第1位
サンシャイン
56票

第2位
池袋
49票

第3位
人が多い
34票

4位	デパート	33票
5位	ふくろう	28票
6位	立教大学	26票
7位	ラーメン	25票
	便利・なんでもそろう	25票
9位	外国人・多国籍	24票
	治安が悪い	24票
11位	お年寄りが多い	19票
12位	電器店	18票

〈としま100人女子会報告書から抜すい〉

ワールド・カフェで出てきた意見・アイデア・まとめ

「豊島区に住みたくなるには何があったらいいと思いますか?」（個人の声）

子ども・子育て

- 早く希望する保育園に入れるようにして欲しい。
- 子どもがアスレチックをしたり、冒険できるような自然があるといいなあって思う！

住まい・暮らし

- 20代半ばから池袋に住んでいたから、働いて、飲んで、地面を這ってでも帰れる……という点では助かってた(笑)。でも子どもができると、見る視点は変わってくるよね。
- 豊島区には、もっと企業とワーク・ライフ・バランスについて連携を取って欲しい。まともな時間には帰れないお父さんが多くて。企業にまともな時間に帰らせるように指導するなど、働きかけて欲しいね。

地域のつながり

- 子どもが独立したら、私は地域とつながるのか、わからない。
- 不登校の息子が、昼間学校に行かないでまちをフラフラと歩いていたときがあって…私は仕事だったから、家にいられなくて。そしたら、まちの人が助けてくれたのよ。
PTA会長も「なんか今、大変みたいだけど、俺も荒れてた時間もあったんだから、いつか直るよ」って励ましてくれて。

豊島区のイメージ

- 公園の数はあるけれど、サラリーマンの煙草休憩の場所になっていたり。日曜に気軽に行ける感じではないよね。
- 清潔なイメージが欲しいですよね。トイレも、砂場も、遊具も、定期点検してキレイなのか、気になる。

「全体セッションから生まれた『○○なまち豊島区』とは?」

- 恋が生まれる街 豊島区
- フラッっと寄りたくなる 豊島区
- 子育てクオリティーが高い 豊島区
- 女性を応援してくれる街 豊島区
- 住み続けたい街 豊島区
- 新しい地縁を生み出す 豊島区

これからここに集まってくる女性たちに、行政側からどんな説明がなされ、それに対して彼女たちからどんな本音が飛び出すのか、「どんな豊島区にしたい」という話し合いが進んでいくのか、それを報道する立場にある記者やカメラマンは、としま１００人女子会の開始をいまかいまかと待っている。

一方、会場には豊島区で子育て中や働いている女性たちが、続々と集まってくる。それぞれが初対面であることと、これからはじまる女子会への不安と期待があるのだろう。少し緊張している様子がうかがわれる。そんな雰囲気の中、午後１時30分に女子会はスタートした。

会場内の空気を一変させたのが、萩原座長とファシリテーターの古瀬さんである。二人は場をなごますのが、とにかくうまい。参加者が初対面でも打ち解けられるようにと、会を進行していくうえで、ワールド・カフェを取り入れたのもよかったのだろう。

ワールド・カフェでは、与えられたテーマについて各テーブルで数人が議論。さらにテーブルホスト以外が他のテーブルへ移動。ホストから前のテーブルでの議論の要約の説明を受けて、さらに議論を深めた後に、最後に各テーブルホストが参加者全員にまとめの報告を行う。参加者が少人数で自由に発言をしながら、他の意見にも耳を傾けることができ、あたかも参加者全員が話し合っているような効果が得られるこの対話手法が功を奏した。

気がつくと豊島区に対する熱い思いを初対面の女性達が目を輝かせながら真剣に、ときには笑顔で話し合っている。このやり方を採り入れてよかったと心から思った。

このように当初の期待どおりに会議が進んだのには、100名を超える申し込みの中から93名の参加者があったことも大きい。豊島区に住み、働き、学ぶ女性たちが消滅可能性都市として挙げられたことを、「ジブンゴト」と受け止め、向かい合ってもらえたことは本当によかったと思う。

「大運動会」では若い女性は集まらない?!

女子会本番を迎えるまで男女平等推進センターの職員は、会場探しや広報・集客などの事前準備に取り組んできた。

第一の課題は、会場探しだった。最終的な場所が決まるまで二転三転したのである。5月29日のマスコミ向けの区長定例記者会見では、キックオフイベントとして「ワールド・カフェ大運動会」を実施すると発表した。

そもそもキックオフイベントまで時間がないため、会場として利用できるのは、体育館しかないと考え、体育館を第一候補として探していた。しかし、ワールド・カフェの企画・運営を担う古瀬さんから、「体育館でやっても、若い女性は集まらないですよ」とアドバイスを受ける。ようやく小学校の体育館を確保して、やれやれどうにか女子会が開けると思っていた矢先に振り出しに戻る。思わずため息が出るが、気を取り直して新たな会場探しに取り組む。

ワールド・カフェの日程は、すでに7月19日と決まっていた。あと40日しかない。案の定、学校以外の区立の施設はすでに埋まっていた。豊島区内の民間の貸会議室なども片っ端から探すが、なかなか見つからない。焦燥感ばかりが募る中、結局、豊島区役所の全管理職にメールで相談することにした。

間もなく複数の管理職から東京信用金庫が所有する同金庫8階貸ホールの情報が入った。ちょうど前年、東京信用金庫と豊島区は「帰宅困難者対策の連携協力に関する協定」を締結しており、その時のツテを頼りに早速、帰宅困難者対策を所管する木村俊雄危機管理担当課長と東京信用金庫地域貢献部を訪問。相談すると、ほかにも民間貸出用に改装したばかりの会議室もあるという。貸ホール、会議室のどちらでも貸出していただけることになった。

後日、両方の施設を下見した結果、改装したばかりの6階会議室を使わせていただくことになるが、担当していただいた東京信用金庫の地域貢献部森田和夫部長には、準備段階から当日の運営まで本当にお世話になった。

たとえば、会議用のイス・テーブルはもちろん、マイク、スクリーンの貸出しのほか、子育て中の女性に気軽に参加してもらうため保育室が必要との相談をしたところ、「みなさんのお役に立てるなら」と、ヨガ室を保育室用に提供してもらうなど、さまざまな面からご対応いただいた。

これまでも東京信用金庫は、帰宅困難者対策事業、当センターが実施しているワーク・ライフ・バランス推進事業など、区の施策や事業への理解が深く、としまF1会議委員についても協力いただくことになる。

としま１００人女子会は、次のようなプログラムで進められた。

「ワールド・カフェ」の進め方に沿って、何度かテーブルを替えて「豊島区に住みたくなるためには何があったらいいと思うか」について話し合いを続けていき、最後には、「〇〇なまち豊島区」といった形のキャッチフレーズを出し合ってもらった。

女子会の最後に、キャッチフレーズや話し合ったことを発表してもらったが、たくさんのテレビカメラの前でも臆することなく話す彼女たちの姿には、豊島区に対する熱い思いを強く感じた。

彼女たちの思いを次のとしまＦ１会議、本番にどうつなげていくか。

今、まさに私たちはスタートラインに立った。

「としまＦ１会議委員」希望者が殺到

としま１００人女子会が終わり、週明けの7月22日から１００人女子会のまとめと、としまＦ１会議開催に向けての準備がはじまった。

まず、7月24日に予定されていた消滅可能性都市緊急対策本部会議で、としま100人女子会の報告をしなければならない。2日間で、出席者の状況やアンケートの集計を行う。

消滅可能性都市緊急対策本部会議の当日は、出張の予定が入っていた。そこで上司の永田謙介総務部長に報告をしてもらうことにしたのだが、そのためには事前に集計結果を説明しておく必要があった。

アンケート用紙には、としまF1会議委員とワールド・カフェ主催者（100人女子会をきっかけに豊島区の将来について考えるワールド・カフェの主催を希望する方）の募集についての項目を設定していたため、取り急ぎそれぞれの応募状況を整理する必要もあった。

この集計をして最も驚いたことは、としまF1会議委員希望者が予想以上に多かったことである。100人女子会閉会後に

「私は40代ですが、委員になれますか。申し込みをしてもよいですか」

「会議はどのように行われるのですか」

「委員はどのように決めるのか教えてください」

など、多くの参加者から質問を受けており、事務局としては反応の良さを感じてはいたものの集計の結果、実際の申し込み者はとしまF１会議委員が29名、ワールド・カフェ主催者が18名だった。応募理由には、

「豊島区をよくするために、少しでも力になれればと思う」

「まちづくりに参加したい。もっと区政に女性の声を生かしたい」

などの声が寄せられていた。想定を超える申し込みにつながったのは、女子会で豊島区について考えていく中で、自らも何らかの形で豊島区のために活動したいといった気持ちが参加者の間に生まれたからではないだろうか。

キックオフイベントである女子会には、そこで出された意見をとしまF１会議に反映していくという目的があったが、このイベントを通して参加者の豊島区民としての当事者意識が芽生えたとすれば、それは事務局の予想を超えた大きな成果であった。

一方で、もともととしまF１会議委員の公募枠は5名程度としていたため、希望者の中からどのように選考していくのかという頭の痛い問題に直面した。

そのような中で

「なるべく多くの方に、としまF1会議の委員になってもらうように」

という区長の指示は、朗報であった。希望者全員が委員になることができれば、としま100人女子会の意見をきちんととしまF1会議につなげていくことができる。

ただ仮に希望者全員が、としまF1会議委員になるとすれば、すでに区で選考した13名と合わせて42名の大所帯になる。新たな不安にかられることになる。

悩みは大所帯の会議の進め方

はたして、このような大所帯で会議を運営することができるだろうか。想定外の状況に、また一つ課題が生まれた。専門家のアドバイスが欲しくなって、7月30日に萩原座長に相談する。これまでに次の第1案から熟慮を重ねた結果、すでに第2案に落ち着いていた。

第１案　従来型の審議会形式（第１回消滅可能性都市緊急対策本部会議へ提出）

・としまＦ１会議設置が決まった当初の案。
・座長は学識経験者とする。
・メンバーは20～30歳代の女性を中心に10数名程度（ＷＬＢ《ワーク・ライフ・バランス》フォーラム交流会参加者、ＷＬＢ推進事業所勤務者、子育てグループ、自主学習グループ、区内大学在学生、公募委員、区職員など）とする。

第２案　３チーム編成方式（第３回消滅可能性都市緊急対策本部会議に提出）

・アドバイザー（座長）は、萩原なつ子立教大学大学院教授とする。
・メンバーは、20～30歳代の女性を中心に、男性も含めた構成とし、20名程度（キックオフイベント参加者、ＷＬＢフォーラム交流会参加者、ＷＬＢ推進事業所勤務者、子育てグループ、自主学習グループ、区内大学在学生、区職員など）とする。
・メンバーの中からリーダー３人を募集し、３チーム編成とする。

第１案から第２案へ変更するときに、人数を増やす見込みはあったものの40名は想定外であった。そこで7月30日の打ち合わせでまず、１００人女子会参加者からは希望者全員にとしまＦ１会議委員になってもらうことを決めた。

加えてこの打ち合わせで、全６回の会議スケジュール（8月9日〜12月11日）を決めたほか、萩原座長の提案を踏まえ、としまＦ１会議を次のように運営していくこととした。

１．各チームには調査・研究を基にしたプランを提案してもらう。

２．各チームが調査・研究するためのバックアップは、男女平等推進センターが行う。

３．行政側からはアドバイザー委員（鬼子母神プロジェクトに携わる管理職が中心）が、毎回参加する。

４．必要に応じて各チームから出される提案内容に関係する課長も参加する。

５．中学生を対象とする調査をとしまＦ１会議が実施する。

６．１００人女子会参加者主催ワールド・カフェを実施する。

としまＦ１会議全体の運営方針が決まったところで、第１回目のＦ１会議の運営案を練る。

このうち3．のアドバイザー委員には、企画課長、広報課長、子育て支援課長、健康推進課長、長崎健康相談所長、そして男女平等推進センター所長の私がつくこととなった。

第1回 としまF1会議――チーム編成を決定

いよいよ8月9日、第1回目のとしまF1会議である。

前日までにマスコミからの取材申込みも数件入り、世間の関心の高いのを感じる。さて、当日の会場は、区役所（旧庁舎）4階の議員協議会室。レイアウトは、前方に島型でテーブルを配置、後方はイスのみを円形にした。

当日の流れは次のように行われた。

まず、後方のイス席で区長あいさつの後、自己紹介代わりの名刺交換（一人ひとりが自己紹介すると時間がかかる。そのため区長から順番に委員全員と名刺交換をするというもの。結局、あまり時間短縮にならなかったが……）を行った。

その後、席を前方に移して、まず、100人女子会で意見が挙がったとしまF

（図表1）

1 区長あいさつ
2 名刺交換（全員・自己紹介の代わり）
3 としま100人女子会の報告
4 区の施策実施状況説明（アドバイザー委員より）
5 スケジュールについて
6 テーマの検討（各自）
7 チーム編成
8 チーム打ち合わせ

（チーム名）	（検討テーマ）
Community 5	世代を超えたコミュニケーションができる場所づくり
WLB	ワーク・ライフ・バランスの推進
ななまるねっとわーく	安心できる子どもの居場所
さくらんぼ	見やすいホームページの作成（HPから）、広報紙
チームとしまっ子	子どもの居場所と経済的支援
としまブランド刷新チーム	シンボリックなとしまの新しい魅力を目に見える形にする

1会議のテーマになりそうな区の施策の実施状況をアドバイザー委員が説明。次に、事務局より12月までの全体スケジュールを説明した後、委員は各自で検討するテーマを選択。同じテーマの人が集まる形でチーム編成を行い、今後のチーム活動について打ち合わせをするというものだった。

アドバイザー委員でもあった佐藤企画課長の仕切りで検討テーマごとに6チームができ、チーム名もほぼ決まった（図表1参照）。このような流れで第1回としまF1会議は終了した。事務局職員は、ホッと胸をなでおろした。

しかし、それもつかの間。週明けに委員からメールや電話で多くの問い合わせや意見が飛んできた。

第2回F1会議に向けて――寄せられた意見を調整

第1回目の会議終了後、としまF1会議委員から、さまざまな意見が次々と事務局に入る。

「全体のスケジュールの説明はあったが、具体的にこれから何をしなければならないか、わからない」

「どんな資料で提案すればよいのか」

「担当課や各自治体を調査したいが、アポを取って欲しい」

「調査・研究をしてから次回の会議で発表すると言っても、自分たちだけで集まるのはむずかしい」

など。矢作課長からは、

「会議の進め方、スケジュールについてあまり意見を聞かず、事務局主導で進めたきらいがあるので、『えっ?』という反応が出てきたのではないか。委員の意見を聞いて必要があれば修正するなど、丁寧・柔軟に対応したほうが、委員に納得して頑張ってもらえるのではないか?」

とのアドバイスを受ける。改めて萩原座長とスケジュールについて調整する。

そこで、8月15日には、「としまFI会議検討スケジュールの変更等について」のタイトルで、委員全員にメール送信をした。内容は、

・スケジュールの変更

・としまFI会議当日の事前・事後に会議室の利用ができること

萩原座長からのメッセージは「身近な友人や家族にも聞き取りをしてみてください」「予算にとらわれない自由な発想、アイデアも大歓迎」というものだった。

このように運営について調整をしている間にも、委員からは

「担当課にヒアリングをしたい」

「他自治体にヒアリングをしたい」

「区の施設を訪問したい」

などの要望が寄せられる。当センターの清水弘美係長と入区3年目の田方雄一朗主事が、委員の意見をよく聴いたうえで、それぞれの意向に沿うように関係機関と調整をしてくれていた。

もう一つ、スケジュールを変更したうえで、検討しなければならない課題があった。それは、各チームプランの「提案方法」だった。

これまで当センターに設置された会議体「女性の視点による防災・復興対策検討委員会」では、検討内容や提言などを「検討結果報告書」にまとめるという形で区への提言を行った経験がある。同様のスタイルを念頭に、6チームに分かれて検討したプランを報告書として区長に渡すというスタイルは、政策提案という

インパクトに欠け、どうもピンとこない。

それぞれのチームごとに「企画提案書」をつくり、プレゼンしてもらうのがよいのではないか。そのように思い至って、プレゼンの場と提案書のスタイルについて検討・調整を進めた。

そして、区長に対するプランの発表は、第6回のとしまF1会議とし、区の持続発展都市推進本部会議と、合同で開催することとした。また、矢作課長の「自由な発想で検討してもらいたい」とのアドバイスにしたがい、提案書の様式は定めなかった。事務局からは最低限盛り込むべき項目だけを提示するにとどめた。

以上のことを決めて、第2回としまF1会議を迎えた。

委員の意見を取り入れ再スタート

いよいよ第2回としまF1会議当日を迎える。区長あいさつなどのセレモニーはないが、第1回会議後の委員からの反応を受けて行う会議だったため、かなり緊張しながらの会議進行となる。まず、今後のスケジュールと提案してもらうプランの様式などについて説明した。

今後のスケジュールでは改めて、
1．スケジュールと各回の会議内容
2．第2回、第3回会議に向けた調査・研究報告の方法
3．第3回会議以降に報告してもらうプランの内容
などについて説明した。

併せて区長に発表する第6回会議について各チームがどのようなプロセスで議論を重ねて出した提案なのか、区民にも公開のうえ発表してもらいたいので、なるべく多くの委員が参加しやすい時間帯を設定したい旨を萩原座長から説明してもらった。

第2回会議でこの会議方針を示した以降も、各委員から、調査・ヒアリングについての意見や要望が寄せられ、その都度事務局では、各チームの活動を最大限にサポートするよう努めていた。

各チームとも会議日程とは別に、メールなども活用しながら独自の打ち合わせの場を設け、調査・研究を行っていた。

たとえば、各チームとも担当課ヒアリングや近隣自治体等の調査（電話・訪問）などを行っていた。ほかには、community 5は区内公園実態調査や北九州市のリノベーションまちづくり現地調査を、チームとしまっ子は子育て中の区民の声を聞くためのワールド・カフェを実施したが、各チームの活動にどの範囲まで区が関わるかというのは、常に課題だった。としまF1会議委員への謝礼は、他の会議体における区の公募委員に支払う額と同じで、1回の出席につき3000円である。

毎回、会議で発表する際には、どのチームもかなり工夫をこらした資料をパワーポイントで作成し、説得力があるプレゼンを行っていた。また、チーム発表の後には、意見交換を行ったので、他のチームやアドバイザー委員などからの意見が相乗効果をもたらし、各チームともさらに深く調査・研究を進めることにつながり、より具体的なプランづくりへと検討が進んでいったように思う。

萩原座長が当初描いた形でとしまF1会議が進んでいることを実感していたが、それも、このように委員の力によるところが何よりも大きい。

ブラッシュアップ——各チームへのアドバイス

としまF1会議も回を重ねるごとに、各チームともプランとして提案する項目がまとまっていったが、事務局として一つ気になることがあった。当初組んだスケジュールでは、第5回（11月8日）から第6回（12月11日）まで、1カ月以上の間隔があく。

各チームが、第6回会議でプランの提案をどのような内容で行うのか、また、限られた時間内で有効な提案を行ってもらうことができるのかなど、不安が募る。そこで萩原座長と区の関係課長にも参加してもらい、「ワンポイントアドバイス」としてチームごとに打ち合わせを行うこととした。

萩原座長には、プランの内容や資料の見栄えなども含めてさまざまな視点からアドバイスをしてもらった。また、同席したアドバイザー委員の佐藤企画課長は、

「みなさんがやりたいと思うことは、遠慮なく何でも区長に提案してください。必ず区長はその熱意に応えますから」

と話し、チームをさらに力づけた。

事務局からは、「より具体的な提案をして欲しい」との思いから、プランに盛り込んで欲しい内容を具体的に細かく示していた。その結果、かえって委員の発想に縛りが増え、提案プラン自体が小さくなる傾向も見られた。

佐藤課長のこの言葉で、としまFI会議委員に応募した当初の気持ちを思い出し、最後のひと踏ん張り、奮起したチームもあったように思う。

第6回としまFI会議――プラン発表会

これまで5回のとしまFI会議と、直前のワンポイントアドバイスを経て、いよいよ第6回としまFI会議（持続発展都市推進本部会議と合同開催）でのプラン発表の日を迎える。会議を公開することにしたため、区民やマスコミなど多くの人が、会議開始の午後6時前に集まった。

仕事をもつ委員がほとんどであるため、事前に多くの委員が集まれる時間を調整して発表の順番を決めていた。

平成26年12月11日（木）　18時～20時30分に開催。場所は区役所（旧庁舎）　議員協議会室。出席者は委員29名、アドバイザー委員6名、オブザーバー8名、持続発展都市推進本部委員19名

会議の座席配置は、としまF－会議委員と行政が向かい合い、各チームが発表するごとに区の関係部課長と意見交換をする形で進められた。チーム発表の時間は15分、意見交換5分の合計20分間が各チームに与えられた時間となった。

全チームの発表を受けて区長より、

「みなさんが私たち以上にこの豊島区に対して本当に強い危機感を持ち、よいまちにしたい、という思いをひしひしと感じた。行政だけでは、なかなか考えられなかった提案をして頂き、非常に斬新で区民目線、女性目線のものであった。

本日、みなさんの提案を聞いた区の管理職もすばらしい提案だと受け止め、実施に向けての覚悟を固めたのではないかと思う。これらの提案を真摯に受け止めて企画・財政、関係部署で予算化について調整・検討のうえ、2月上旬には、その結果を公表したい。としまF－会議の提案をいかに予算化するかに私の政治生命がかかっていると思っている。今後、関係者と詰めていく」

との発言がされた。

会議終了後には、としまF－会議委員のこれまでの活動に感謝の意を表し、懇親会が催された。懇親会での、委員の晴れやかな表情に安堵するとともに、さきほどの区長の発言さながらに、区がどれだけ提案に本気で取り組めるだろうか期待と不安が半々の気持ちとなる。

次世代の担い手、中学生にもアンケート

全6回のとしまF1会議を終え、事務局では、「としまF1会議報告書」の作成に取りかかる。第6回としまF1会議で各チームが発表した資料や基礎資料、活動状況報告、アドバイザー委員の感想、中学生アンケート調査結果、としま100人女子会参加者主催ワールド・カフェ実施状況などの取りまとめ作業を進める。

ここで中学生アンケート調査について、少し紹介したい。

としまF1会議については、設置が決まった当初は、国などからの補助金は当てにしていなかった。

しかし、健康推進課が少子化対策として実施する補助金対象事業の「としま鬼子母神プロジェクト」の1事業として実施することで、補助金が出ることが判明

する。

当初、若い女性の意見を区政に反映させるために、としまF１会議の中で、若年女性に対して意識調査を実施しようと考えていた。

しかし、としまF１会議に附属するキックオフイベントの、としま１００人女子会の中で若年女性の意見を聞くことができることから、補助金活用事業として、調査を実施しないことも考えていた。

そこで、若い女性ではなく、次の世代である中学生が豊島区に対して、どのように感じ、どのように生活しているのか、このまま住み続けたいと感じているのかなどを聞いてみることにした。

実際、区立中学2年生にアンケートを実施したところ、区立の施設や地元のまちのことなどを自由に書いてくれていて、今後の区政運営の参考になる。

全6回の会議だけでは不十分

さらに、報告書をまとめる作業を進める中で、12月の第6回会議の提案までをまとめたものでは不十分ではないか、区の対応策まで含めて報告書に掲載した方が、より完成度の高いものになるのではないかと考えるようになる。

区が提案をどこまで平成27年度予算に反映するのか。また、予算化しない提案については、どのように区として考えているのかを取りまとめることにする。そこで年明けの1月に入り、プラン提案の所管と思われる部署に予算化する予定のもの、そうでないものについて、検討状況を調査した。

また、第6回としまF1会議において区長は、

「企画・財政、関係部署で予算化について調整・検討のうえ、2月上旬には、その結果を公表したい」

と発言していた。当初、この「公表」は、平成27年度予算の報道発表を想定したものだったが、提案者であるとしまF1会議委員に区の本気度を報告したいとの区長の思いから、急きょ、2月上旬の報道発表から時期を置かずに報告会を開くことになった。

としまF1会議の提案を予算化

早速、萩原座長に区長の意向を伝え、報告会を2月12日の18時～19時に開催す

ることを伝えた。開催日が決まったのが1月下旬で、としまF1会議委員への連絡が遅かったにも関わらず、報告会には23人の委員が集まった。

報告会では、まず、区長からとしまF1会議委員のプラン提案までの努力に対する感謝の意が表された後、

・提案プランのうち11事業8800万円を予算化したこと。

・今回のとしまF1会議のように、提案された意見を直接、予算に反映させたのは、豊島区政史上はじめてであること。

・引き続き、としまF1会議委員のみなさんには区政のあらゆる場面で活動して欲しいこと。

などについて発表された。

その後、佐藤企画課長から提案されたプランの予算化、検討状況についての説明がなされ、さらに、としまF1会議の各チームの代表からコメントをしてもらった。

各チームのコメント(簡略化して掲載)

ななまるねっとわーく

私たちがいろいろと調査をした結果がこんなに早く予算をつけ、実現すると思っていなかったので、正直、驚いてもいるが、喜んでいる。予算化してつくった子育てインフォメーションがそのままにならないように、私たちもたくさん利用したい。今後の運用が大事になってくると思う。

また、みんなで協力して区政に参加していければと思うので、いつでもお声かけください。

チームとしまっ子

感想は、楽しかったと大変だったに尽きる。楽しかった理由は、主には二つ。一つ目は、調べていく中で豊島区が実施している支援事業などは、知らなかっただけで意外に充実していることがわかったこと。

二つ目は、としまＦ１会議では、区の幹部が土日にも参加されていて、メンバーのみんなは豊島区愛が強くて、そういった方々と話したり、やりとりをする中でより豊島区が好きになったこと。

さくらんぼ

今手元にある広報紙がこんなに変わり、一番初めに区のホームページも大きく変わることを掲載していただいているのが、すごく早い対応で、ありがたく感じている。

今回、としまＦ１会議で出会った人たちとの横の連動も大事にしながら、今後、私たちの仕事の中でも一緒にできるような形で反映したい。

としまＦ１会議が終わったから終了ではなくて、これから先もかかわりを持ちながら少しずつ豊島区というブランドをよくしていけるように、個人個人でつながっていきたい。

Community5

私たちが提案した「理想の公園」や「さくらぼ」（女性のためのワーキングサポート施設）に予算をつけていただき、実現できる方向性を決めていただいたことにとても感謝している。今度は私たちが主役になって実現させるために活動しなきゃいけないと、逆にプレッシャーを感じている。

他のメンバーは、豊島区内には住んでいないが、これをきっかけにとしまF1会議のメンバーと一緒に立ち上がっていきたいと思っている。

としまブランド刷新チーム

平成27年度新規・拡充事業の全270事業、約76億円の予算の中から女性にやさしいまちづくりに約22億円ということで、約3割の予算を割いていただいた。その中にとしまF1会議の意見も盛り込んでくださったことに本当に感謝している。

予算化された事業が、いろんな人たちにもっと知れ渡って、豊島区に住むインセンティブ、魅力になればいいと思う。

WLB

8月の会議はゼロから開始したが、今回、このように形になってきたことに本当に驚いている。F1には『20歳～34歳の女性』と『スピーディーに対応する』いう意味もあったと思う。その言葉通りに、本当にスピーディーに対応していただき感謝している。

としまF1会議参加者は、豊島区が好きな人が多いと感じていたが、主体的に会議に参加することで、さらに豊島区愛が深まったような気がする。今回、100人社長会にも予算をつけていただき、今後、どのように変わっていくのか本当に楽しみにしている。

第2章

32名の声が豊島区を動かした

予算がついたもの・つかなかったもの

としまF1会議アドバイザー委員
佐藤 和彦（豊島区企画課長）

提案数がなければ、何もはじまらない

「あぁ……。こりゃ、やばいんじゃないか？」

2014年11月末のある日。手もとの資料をつくづく眺めながら、私は我知らず唸り声をあげていた。

私が眺めているのは、豊島区の平成27年度新規・拡充事業提案書の中から、としまF1会議関連事業をピックアップした一覧表である。担当の係長に思わず、

「本当にこれしか提案が出てきてないの？」

と、再確認した。

としまF1会議は、東京23区で唯一の消滅可能性都市とされた豊島区が緊急対策として打ち出した「女性にやさしいまちづくり」の目玉事業であり、鳴り物入りではじまった。

当時、企画課長であった私は、「消滅可能性都市緊急対策本部」※の事務局としてとしまF1会議の発足に関わり、この会議が立ち上がった後はアドバイザー委

※消滅可能性都市緊急対策本部
8月以降は「持続発展都市推進本部」に改組。

員として会議に参加し、当事者目線で熱心に検討してくれたメンバーを応援してきた。としまFＩ会議メンバーの頑張りと、その盛り上がりを肌で感じてきたひとりである。

一方で、豊島区における企画課長というポストは、新年度予算の新規・拡充事業を査定し、取捨選択する立場にある。ちょっと大げさに言えば、としまFＩ会議の提案を生かすも殺すも、私次第なのである。

高野区長は、消滅可能性都市から持続発展都市への転換を図るため、起死回生の一手として、としまFＩ会議を立ち上げ、大きな期待をかけていた。そしてその提案内容には積極的に予算をつけ、できる限り事業化するという方針を打ち出していた。

平成27年度予算編成の目玉は、としまFＩ会議と、5月7日のオープンを間近に控えた「新庁舎」だった。それもあって私は何としても、としまFＩ会議の提案を活かし、「女性にやさしいまちづくり」を大いにアピールしなければならない立場に立たされている。それなのに、手元の資料には、ほんの数事業のみ……。ため息の一つも出ようというものだろう。

ところで、としまF１会議が調査・研究の成果をまとめ上げて区長に政策提言をする発表会が行われたのは、２０１４年12月11日であった。

このタイミングで提案された内容を新年度予算に反映させていくのは、実はけっこうむずかしかった。

自治体の予算編成には流れがあり、豊島区の場合、例年10月からスタートする。10月初旬に次年度に向けた予算編成の方針を庁内に発表し、同時に新規・拡充事業の提案募集を行う。

各部局の担当者は、３週間から１カ月ほどかけて新規・拡充事業内容の検討、経費の積算を行って、10月末には「新規・拡充事業提案書」を企画課に提出する。11月には、企画課・財政課・行政経営課の担当職員が、新規・拡充事業提案書に基づいて部局へのヒアリングを行い、担当者レベルでの査定を行う。

この担当者レベルのヒアリングは、新規・拡充事業の査定において非常に重要なステップで、事業の目的、対象者、実施方法、経費などについて詳細に聞き取りながら、事業の妥当性や予算額の判定などを行うものである。

次いで11月末から12月上旬にかけて、担当者の査定結果に基づく政策経営部の部課長レベルの査定を行い、事務レベルでの査定が一通り終了する。この時点で、新年度の新規・拡充事業の大枠が決定する。

そして12月中旬から、最終局面である区長・副区長による「新拡選定会議」が行われ、予算案が確定していく。1月には、議会への予算案の説明がはじまるため、予算編成作業は、年内にほぼ終了させる。

このような通常の手順に当てはめると、としまF1会議の提案が行われるのは、すでに事務レベルでの査定が完了している段階である。区長・副区長による査定を通じて、事業の取捨選択、予算の配分などが修正されることはあるのだが、通常はこの段階まで来て、急に新たな事業の検討をする余地はない。

としまF1会議の最終報告を受けて、ゼロから事業化に向けた検討を始めるのでは、予算編成には間に合わないのである。

区役所職員の熱量が上がっていない？

そこでささやかながら作戦を立てた。

作戦の第1段階は、10月7日の未来戦略創出会議。

未来戦略創出会議は、区長以下の全部長が一堂に会し、区政経営の方針、予算や組織などの重要な政策決定を行う会議で、いわゆる「庁議」にあたる。この会議で、各部局に平成27年度の予算編成方針を伝えたのだが、その際に「消滅可能性都市対策」、とりわけ、としまF1会議の提案内容については優先的に新規事業を検討するように求めた。

最終的な提案を受けてからでは予算編成が間に合わないため、各部局に対してとしまF1会議の検討経過を見ながら先取りして事業を検討し、予算要求するように依頼したわけだ。

第2段階は11月8日の第5回としまF1会議の直後。

すでに、一般的な新規・拡充事業の提案期限は過ぎていたが、11月10日、前の週のとしまF1会議で各チームから示された「報告（案）」を各部局に情報提供し、改めて提案内容を先取りして新規事業を検討するよう依頼した。

作戦としては、この第2段階が重要である。

としまF1会議の動向がある程度わかってきたところで、各部局がとしまF1

メンバーの思いを汲み取って事業化してくれれば、企画課としてもまだ十分に対応可能な時期である。

報告案を情報提供しただけでは、「みんな忙しくて、ろくに見ないだろうな」と思い、ポイントだけでも押さえてもらいたいと、別資料を添えた。

としまF1会議で出された資料とは別に、私見として最終報告の中で間違いなく提案されるだろうと思われる事業を例示した。私なりの判断で、関係部局にしっかり認識してもらえるよう努めたのである。

そのときに例示したのは、理想の公園づくり、リノベーション、100人社長会、新庁舎を活かした子育て情報スペース・コンシェルジュ、子どもの居場所（学童・子どもスキップ※）、地域のつながり、新しい広報、ブランド向上（SAKURAブランドほか）といった具合で、最終的な提案内容と大きな齟齬《そご》はなかったと思う。

特例として、としまF1会議関連については11月17日までの提案の募集期限を延ばして、各部局に積極的な検討を促した。

また、11月18日には、「Community 5」のグループメンバーからブラッシュアップした資料が届いたため、改めて全部局に対して情報提供した。この件について

※子どもスキップ
学校施設を活用して、小学生を対象とする育成事業と学童クラブを総合的に展開する事業。

は、締め切りを11月21日まで再度延長し、新規事業の提案募集を行った。

このように、としまF1会議の最終報告を待つことなく、提案内容を先取りして予算編成を進める作戦を進行させていた。こうして書き出してみると、すべて私がやったかのように見えるかもしれないが、もちろん、こうした対応をしてくれたのは優秀な亀山係長以下、企画課の職員たちである。

期待を込めて集計したのが11月26日。しかし、残念ながら、この時点での新規・拡充事業の提案数は、4課から上げられた6事業しかなかった。エントリーの意思表示があった1事業を含めても、5課7事業……。

冒頭のぼやきは、このときのものだ。少々、焦った。

としまF1会議の熱気に比べて、区役所職員の熱量が上がっていない。提案先取り作戦は、大きく実を結ぶことなく終わりそうな気配であった。どうにかしなければならない。

としまF1会議は、この後、11月26日、12月2日に萩原座長、アドバイザー委員のワンポイントアドバイスを受け、さらに熱量を上げながら、真剣な討議を積み重ね、最終報告に向けて政策提案を練り上げていく。

最終報告で各チームに与えられるプレゼンの時間はわずか15分しかない。

自分たちが訴えたいことを端的に伝えなければ、効果的で説得力あるプレゼンにはならない。メンバー達は、夜遅くまで、議論を重ねて提案事項を厳選し、見た目にもインパクトのあるプレゼン資料の仕上げに取り組んだ。

大勢の人で埋め尽くされた議員協議会室

そして迎えた12月11日の最終回。

会場となった旧区役所本庁舎４階の議員協議会室は、大勢の人で埋め尽くされていた。平日の夕方にもかかわらず、としまＦ１会議メンバーは、ほとんど全員が出席してくれた。

としまＦ１会議のメンバーは、文字通り一人ひとりが当事者意識をもって参加してくれていたんだな、と改めて実感した。

さらにとしまＦ１会議メンバーに加えて、高野区長、水島副区長、渡邉副区長、三田教育長の四役以下、区の部長級で構成される持続発展都市推進本部のメンバー、関係課長、取材に訪れた多くのマスコミなどが加わり、会場は熱気にあふれた。

満場の人の中にあって、としまF１会議メンバーは、臆することなく堂々と「女性にやさしいまちづくり」のための政策提案プレゼンテーションを行ってくれた。

子育て支援だけでなく、ワーク・ライフ・バランス、ブランディングなど広い視点に立った有意義な提案、私たち役人の頭からは、まず生まれてこないであろう斬新な提案が、数多く示された。

「豊島区を消滅させない」ために立ち上がってくれたメンバーの思いが詰まった報告会に私は心を打たれた。最後に挨拶した高野区長は感激のあまり、

「みなさんの提案は、職員たちも真剣に受け止めただろう。この提案を実現できないようでは、私の政治生命にもかかってくると考えています」

とまで発言した。その瞬間の私の魂の叫びは、

「おいおい、政治生命なんて言っちゃったよ。プレッシャーで胃が痛くなりそう

だ……」

である。

意見交換を活発にさせた調整会議

新規・拡充事業は、どんな様子になっていただろうか。

この日までに各部局から出された新規事業は、7課10事業に増えていた。しかし、マスコミの注目度の高さ、としまF1会議に対する区長の期待の高さと比べると、何とも貧弱な印象をぬぐえない。

もうひと踏ん張りしないと、マズいことになりそうだ。

さらなるテコ入れを図るため、急きょ、提案内容に関係する課を集めて、調整会議を開くことにした。呼びかけたのは、以下の15課。

広報課、男女平等推進センター、庁舎建設室、生活産業課、文化観光課、福祉総務課、生活福祉課、健康推進課、長崎健康相談所、子ども課、子育て支援課、マンション担当課、建築審査担当課、教育委員会教育総務課、指導課（組織順、課名は当時）。

12月19日、会場の池袋保健所講堂にはおよそ20人の部課長、担当者が集まってくれた。私がとしまF１会議関連の新規・拡充事業の提案状況を報告し、とにかく事業化できるものは積極的に提案する方向で対応を求め、意見交換を行った。

この調整会議を受けて、新たに「池袋本町プレーパーク事業」の拡充及び出張プレーパーク事業の開始、「子どもスキップ」の新１年生応援保育の倍増などの事業提案がなされた。

この日、議論が分かれたのは、「つなぐさん（地域子どもコーディネーター）」と「まちかど食堂・おはようバナナ！」。

「つなぐさん（地域子どもコーディネーター）」

地域での交流、つながりの大切さやコーディネーターの必要性については、肯定的な意見が多かった。いわく、

「地域の子育てコミュニティづくりをコーディネートする人材の必要性は同感である」

「子育て世代の人が孤立しないよう、支える人の存在は重要である」

など。ただし、課題も指摘された。

「類似している区の既存事業などとの調整が必要」

「正規職員という提案だが、専門性が高く、即戦力を期待する職は、有資格者を非常勤として雇用するのが区の方針だ」

　類似の事業とは、たとえば、「子ども講座」修了者のことである。子ども課は、「子ども講座」の修了者を地域の子育て人材として活用する事業を平成27年度からはじめることを検討していた。

　また、長年にわたって地域で活動してくださっている民生・児童委員、主任児童委員などとの役割分担を整理しなければならないとの指摘もあった。

「おはようバナナ！」（朝食を摂る習慣づけ）

「おはようバナナ！」は、朝食をとっていない子どもたちのために登校時に通学路にバナナスタンドを設置し、朝の挨拶をかわしながら朝食代わりにバナナを食べてもらう、という提案だ。肯定的な意見も複数出された。たとえば、

「朝の挨拶やちょっとした会話から、顔見知りの人が増え、地域のつながりが深まる」

「貧困の連鎖の防止に向けた〝入口〟となり、子どもの貧困に対してアウトリーチできる事業だ」

「役人の頭の中からは生まれてこない、柔軟なとしまFー会議ならではの発想であり、何とか生かしたい」

など。一方で、疑問の声も上がった。

「ユニークな提案ではあるが、目的が不鮮明ではないか。子どもの貧困対策なのか、食育の一環なのか……。それによって所管部局も変わってくる」

「活動支援として補助対象にするにしても、これまで他団体の例では活動実績などを見ながら判断しているのではないか。まだ実績のない活動に、いきなり区が補助金を出すのはどうか」

「本来、学校に行く前に家で朝食をとることが理想であり、登校途中ではなく自

宅での朝食を推奨すべきではないだろうか」

などである。

この2つの事業に関しては、1回目では結論が出ず、もう一度関係課に集まってもらい、12月24日、再度、関係課による調整会議を開いた。

その結果、「つなぐさん」については、子ども課で予定していた新たな事業展開を活用する方向でまとまった。

「子ども講座」の修了者のうち、希望者に対して「子ども支援サポーター」として登録証を交付し、区民ひろばなどでのボランティアとして活用する事業を開始する。その実績を踏まえながら「つなぐさん」と同様の役割を担ってもらえるか、検討していくことになった。この事業は既存経費の中で実施するため、新規・拡充事業として公表されてはいない。

また、「おはようバナナ！」は、行政にはない画期的な発想であり、地域のつながりづくりに有効な提案であるが、いきなり区が直接的に補助をするのではなく、まず地域の自主的な活動として始めてもらえばどうか、という結論に至った。

こうした調整を経たうえで、ある部分は同時並行で調整しながら、高野区長、水島副区長、渡邉副区長による「新拡選定会議」において、12課から出された17事業のとしまF1会議関連予算について最終的な検討が行われた。

原点に戻り判断された不採択

新拡選定会議では、としまF1会議関連であるからと言って、すべての提案が採択されたわけではなかった。それまで各部局に対して積極的に検討し、提案するように働きかけておきながら、矛盾する結果となったケースもあり、正直、不満を感じた部局もあったのではないかと思う。

不採択という判断は、何のためにとしまF1会議を立ち上げたのか、という原点に立ち返って下されたものであった。

たとえば、「公園クリーンアップ推進事業」として公園・児童遊園の清掃回数を倍増するという新規・拡充事業は不採択になった。としまF1会議で、公園のトイレの汚さが子育て環境として大きなマイナスポイントであり、改善すべきとの提案がされたことを受けて、担当部局から提案された拡充事業である。

論点となったのは、経費の全額を区が負担してトイレ清掃を増やす、従前のスタイルのままの事業が、としまＦ１会議のキーワードである「協働」の理念に沿っているのか、という点である。

としまＦ１会議は、区に対して意見や苦情を述べ、注文をつける場ではなく、自分たちも当事者として「区政に参画する場」として位置づけられていた。

としまＦ１会議で提案され、採択された公園関係の事業を見てみると、「子育て支援公園施設整備等モデル事業」がある。

これは、としまＦ１会議で改善すべき公園として取り上げられた長崎公園と周辺の児童遊園の改善策についてワークショップを開催し、区民が参画して検討する事業である点が評価されて、予算化が図られた。

このように協働、参画という視点から検討した結果、公園クリーンアップ推進事業は不採択とされたのである。

こうした中で、特に扱いに苦慮したのが「さくらぼ」である。

空き家を活用して女性のワーキングサポートの拠点「さくらぼ」を設置するというこの提案は、「女性にやさしいまちづくり」を進めようとする区の方針ともマッチする優れたものであった。

折しも、区は女性にやさしいまちづくりの一つとして、空き家などの遊休不動産を活用する「リノベーションまちづくり」の推進を打ち出していた。しかも、この提案をした「Community 5」のメンバーは、なんとリノベーションまちづくりの先進地である北九州市まで自ら視察に行ったうえで、提案してきたのである。

これは、やらないという選択肢はない。誰もがそう思った。だが、困ったのが担い手である。こうした事業は、区が直営でやってもうまくいかないのが常である。大々的に発表すれば、最初のうちはある程度の集客があり、一定の成果が出るかもしれない。しかし、(自分で言うのも情けないが)柔軟性に欠ける行政が開設・運営するのでは、数年のうちに陳腐化し、結局は尻切れトンボに終わるという結末が見えてしまうのである。

結局のところ、民間主導によって地域課題の解決を目指すリノベーションまちづくりの中で整備が進むことを期待する方向に落ち着き、「さくらぼ」の設置経費が、直ちに予算化されるには至らなかった。

区長の英断「子育てインフォメーション」

　このように、不採択となった事業や条件付きでの採択となった事業もあったが、逆に、高野区長、水島副区長、渡邉副区長の査定によって、実施することが決まった事業もある。「子育てインフォメーション」がそれだ。

　年末の御用納めも過ぎ、冬休みに入った２０１４年12月27日。区役所の区長応接室では、年内最後の新拡選定会議が行われていた。

　としまＦ１会議関連予算はおおむね固まり、後にとしまＦ１提案とは別の分野に再整理される事業も含めて15事業、約７４００万円の規模となっていた。

　その中には、新庁舎の子育て支援課への「子育てナビゲーター」の配置、新庁舎への「保健所出張窓口」の設置など、新庁舎関連の事業も含まれていた。

　私は、これらの事業の重要性は十分承知していたし、これらが採択されたことで、としまＦ１会議の提案を活かす最低限のラインには達したかもしれない、と考えてもいた。

しかし、としまF1会議メンバーの熱意やマスコミの注目度を考えると「何かが足りない」とも正直、感じていた。

同時に、としまF1会議という要素のほかに、区民のみなさんが心待ちにしている「新庁舎オープン」というビッグイベントを控えた平成27年度の予算としては、パンチにかける印象を拭えなかった。区長の顔色をうかがって見ると、どうやら同様の印象を持っている様子である。

そこで、新拡選定会議の最後に区長に対し、

「『子育てナビゲーター』だけでなくとしまF1提案にあった『子育て総合情報スペース』を新庁舎につくり、子育てにやさしい新庁舎の目玉事業にしたらどうでしょう?」

と提案してみた。さらに、

「もしやるのであれば、今日、決めなければなりません。今、最終決定すれば新庁舎のオープンにぎりぎり間に合います」

と即断を求めた。区長は、

「そうか。としまF1会議の関連予算には、今一つもの足りなさを感じていたん

だよ。ぜひ、新庁舎に相談スペースをつくろうじゃないか。それを子育てナビゲーターとセットにして大きく打ち出し、新庁舎の新たな目玉にしよう」と乗り気になってくれた。この瞬間、新庁舎に子育てインフォメーションが誕生することが決まった。

年末年始の休みを返上

もちろん、一課長にすぎない私が、自分の思いつきだけで区長の決断を求めるはずもなく、事前に水面下で関係部局と打ち合わせをしておいた。担当の子育て支援課長には（少々強引ながら）内諾を取りつけていたし、どの部屋なら転用できそうか、庁舎建設室を介して保健福祉部なども含めて調整し、当たりもつけていた。

あとは区長の最終判断を仰ぐだけ、というところまで下ごしらえはしておいたので、その場で、新庁舎4階に設置する予定であった「面接・相談室４０２」を子育てインフォメーションに転用することが決定した。

さっそくこの日の夕方、新庁舎建設の関係部署、4階に入る予定の福祉・子育て関連部局、出張窓口を置く予定の保健所に対して、この決定を連絡した。年末年始の休みに入っている時期だったが、渦中の部局は出勤してきていたのである。

ここからは、ひたすら時間との勝負であった。特に、子育てインフォメーションを所管する子育て支援課は、大騒ぎであったと思う。

平成27年度予算は、1月のはじめには固めなければその後の作業が間に合わない。そのため室内の改装や備品類など経費の見積もりは、大至急、取りまとめてもらう必要があった。担当者は、休日返上で夜遅くまで予算の積算などの作業にとりかかった。

また、2月はじめには、平成27年度予算について報道発表する「予算プレス」が行われる。子育てにやさしい新庁舎は、目玉事業であるからビジュアルが重要だ。そのための室内のデザイン検討も急務であった。

時間がないにもかかわらず、デザインは何度かやり直す羽目になったし、備品類の内容、予算額も何度か変更になった。「子育てインフォメーション」という名称がいつ決まったかも、今となっては判然としない。いろいろあって、よく覚えていないことも多いが、とにかく何とか間に合った。

２０１５年２月４日に行われた議会向けの予算内示会、マスコミ向けの予算プレスでは、としまＦ１会議の提言を活かした11事業、予算額にして８８００万円を大きな目玉として打ち出すことができた。

併せて新庁舎について、それまでの「環境」「文化」「防災」に加えて「子育てにやさしい新庁舎」という新たなテーマを追加してアピールすることもできた。

現実路線に終始する議論は避けたい

話が前後して恐縮だが、私は、としまＦ１会議にアドバイザー委員として参加しているときは、常にメンバーを鼓舞し続けてきた。

議論が深まり、区長へのプレゼンに向けて、提案内容をブラッシュアップしていくにつれて、区の政策としてふさわしい内容か、予算や人員が確保できるか、など現実的な検討をしていくことになる。アドバイザー委員も担当課長として実現可能な提案かどうか、率直に意見を述べるようになる。

どうしても、議論は現実路線で進みがちになっていく。だが、私は、としまFー会議が小さくまとまるのは嫌だった。当たり前の提案を出してもらうのであれば、何のためにわざわざこの会議を立ち上げ、みんなに集まってもらったのかわからないではないか。

そこで、メンバーがより現実的な路線を目指すか、もう少し理想を追求してもいいのか判断に迷う様子が見られたときに、意図的にハッパをかけるような発言をした。

「行政の顔色を見て、提案内容をレベルダウンさせる必要はありません」

「胸を張って、みなさんが必要だと思う提案をください。事業化できるかどうかはわからないが、区は真正面から受け止めて真剣に検討することだけは約束します」

と。メンバーに対して大見得を切った手前、それなりの結果を出そうと自分なりに力を尽くした。6つのチームからの提案内容を最低一つずつは、事業化することができた。

中には「子育てインフォメーション」のように、ギリギリのタイミングで新庁舎の設計を変更してまで実施した事業もあり、スピーディーな対応姿勢を示すこともできた。

また、それなりにアピール力のある打ち出し方をして、消滅可能性対策にかける豊島区の本気度、としまＦ１会議メンバーの熱意に応えるため、予算化に取り組んだ区の決意を示すこともできたと思っていた。

ただ、11事業、８８００万円という数字は、平成27年度の新規・拡充事業全体の２７０事業76億２０００万円と比べれば、ほんのわずかにすぎない。

果たして、この結果をＦ１会議のメンバーは、どう受け止めるのだろうか。

杞憂《きゆう》に過ぎないかもしれないが、予算化からプレス発表まで、一連の作業を終えてみると、もしも、としまＦ１会議メンバーに、

「なんだ。これっぽっちなの？」

とがっかりされるようであれば情けないな、という思いも湧いてきた。

区の側から見れば、としまＦ１会議は、まさに異例尽くしの試みだった。

立上げまでのスピードも異例ならば、メンバー募集の方法も異例、テーマ設定も政策形成もメンバーが自力で行うという手法も異例。中でも、異例中の異例と言えるのが、高野区長が早い段階から「としまＦ－会議の提案内容は積極的に採択し、事業化する」という方針を明示していた点だ。

区の予算編成は、通常、議会や各種団体、有力者などによる要望に配慮しながら作業が進められるのが、有力団体の要望事項であってもそうそう実現できるとは限らない。ましてや一般区民の集まり、それもこれまで区政とのつながりが薄かった若い女性たちを中心とした会議体の提案が、これほどストレートに事業化されることは、かつてないことだった。

「消滅可能性都市」とされた豊島区にとって、当事者である女性たちから発せられた「私たちが豊島区を消滅させない」というメッセージが、どれほど心強いものであったか、この一事をもって十分に伝わることだろう。

たとえ事業数や予算規模は小さなものであったとしても、としまＦ－会議が踏み出した一歩は大きなものだった。

としまＦ－会議は、まさに豊島区にとって新たな参画と協働のモデルとなり、この取り組みを通じて、区役所と区民との距離がぐっと近づいたのではないかと思う。

「さくら区」の提案に共感

2月12日、としまF1会議のメンバーに対して区の予算案を説明する報告会が開かれた。報告会は区長の意向もあって予算プレス後あまり時間を置くことなく開催されたのだが、確保できた時間はわずか1時間であった。

区長のあいさつに続いて、私が予算化した事業についてかいつまんで報告した。限られた時間ではあったが、二つの点に配慮して報告することにした。

一つ目は、必ず、すべてのチームの提案に触れる、ということである。十把一絡げ、まとめて報告するのでなく、どのチームの提案を受けた事業なのか説明するように心がけた。

二つ目は、採用できなかった提案についても、なるべく説明する、ということである。行政にとって都合がいい提案、あるいは採用しやすい提案だけをピックアップして事業化したわけではなく、提案全体をきちんと受け止めて検討したうえで、11事業になったプロセスを含めて説明するのが、区の責任だからである。

多くは、これまで述べた検討経過の中で触れた事業だが、ここで、一つだけ取り上げさせてもらうと、我ながら今でもやってみたかったな、という思いが残っているのが「さくら区宣言」である。

讃岐うどんで有名な香川県が「うどん県」と名乗ったように、ソメイヨシノ発祥の地である豊島区が自らのニックネームとして「さくら区」と名乗ったらどうか、というアイデアである。

はじめに提案を聞いたとき、個人的には大いにそそられた。プレゼンを受けたときの区長の反応も悪くなかったし、「豊島区は『消滅可能性都市』から『さくら区』に転身します」と宣言したら結構ウケるのではないか、予算プレスでぶち上げちゃおうかな、などと妄想していた。

ただ、少し調べてみたら、すぐ近くにあるさいたま市に「桜区」が存在することがわかった。また、区内の一部から「区の名称を軽々しく扱うのはいかがなものか」といった不快感が示されたこともあって、今後の検討課題という無難な道を選んだ。

この提案は、国際アート・カルチャー都市づくりの推進の中で、あるいは区のブランディングの中で引き続き検討することとされていて、今でも生きている。

ただ、……もしかしたら、もはやタイミングを逸したかもしれない。

やっぱり少々、軋轢《あつれき》が生じても、思い切ってやってしまえばよかったかな、とも思うし、やったらやったで、すぐにネタ切れになって潰れたかもしれないな、とも思う。

まことに、悩ましい提案である。

さて、報告会では、予算化の状況説明の後、としまFＩ会議の各チームから感想を述べていただいた。

時間の制約があったため、各チームから代表で１人が３分程度で簡単にお話いただいただけであったが、多くは予算化の状況、区の検討結果に対して肯定的な反応であった。また、これからも当事者目線で区政に協力するという声も聞かれ、この会議が参加者にとっても住民自治への自覚を促す場になったのだと感じられた。

内心ドキドキしていた私は、結構、本音で安心した。

先ほど述べた「さくら区宣言」や「おはようバナナ！」など、としまF１会議に関わったことで、少々、悩ましい思いを抱えることになったが、それはそれで結構、楽しいことだった。

区民とこれほど対等に近い立場で区政について語り合うことはなった。苦情処理でもなく、地元の有力者による要望合戦の場でもなく、豊島区を「住み続けたいまち」にしていくためにどうすればいいのか、当事者とともに語り合うことは私の視野を広げ、発想を大きく変える機会にもなった。

それは行政特有の縦割り・管理者目線から利用者目線への転換ということであり、きちんと利用者一人ひとりに届く情報発信への気づきであった。個人的には、この学び・気づきは、たとえばその後、秩父市と連携した日本版ＣＣＲＣ※の検討に当たって、当事者である移住希望者を巻き込んだ検討の場をつくろう、という発想に結びついていった。

※日本版ＣＣＲＣ
「Continuing Care Retirement Community」（継続的なケア付き退職者向けコミュニティー）の略称。アメリカで発展。人口減少や少子高齢化が進む日本で「日本版ＣＣＲＣ」（生涯活躍のまち）構想への取り組みが始まっている。

提案は「セカンドステージ」へ

さくら区に限らず、平成27年度予算で実現できなかったとしまＦ１会議の提案は、今も区の中で検討対象となっており、事務局であった男女平等推進センターが、毎年、全庁的に検討状況の調査を行っている。その集計結果を見ると多少、形を変えたりしながらも、としまＦ１会議の提案は脈々と引き継がれている。

豊島区は、２０１６年４月、新たに「女性にやさしいまちづくり担当課長」ポストを新設し、民間から登用したフレッシュな課長を迎えた。マーケティングやブランディングの経験を積んできた新課長が区政に新しい風を吹き込んでくれるだろう。

平成28年度は、「女性にやさしいまちづくり」のセカンドステージの幕が上がる年であり、としまＦ１会議の挑戦も次なる段階に進化していく年になるだろうと期待している。

としまＦ１会議は、23区唯一の消滅可能性都市とされた豊島区にあって、まず当事者の声に真摯に耳を傾けようという思いではじまった。

そして、萩原座長の強力なリーダーシップのもとで「豊島区を消滅させない」ために立ち上がってくれたメンバーの心意気に、区としても精一杯応えようじゃないか、という意気込みだけで成し遂げられたものであったように思う。

当時、消滅可能性都市対策の渦中にあった私の中にあったのは、「豊島区役所も豊島区民もまだまだ捨てたもんじゃないぞ」という一種の昂揚《こうよう》感であった。

今の豊島区にも、まだこの昂揚感が漂っている。

人事異動で担当者は変わる。これは役所の常である。

それでも、役所の中にはとしまF1会議が吹き込んだ熱気がまだ残り、そしてそれは、ただの熱だけでなく一定の時間を経て、少し理性的でシステム化されたものに昇華していこうとしているように思う。

それはそれで、正しい動きだと思う。ただ、次の段階に進んだとしても、物事を動かすのは「人」であり、人を動かすのは「熱気」であるのだから、もし、としまF1会議の第2期が開催されるのだとしたら、やはり熱量の高い会議になって欲しいというのが、私の偽らざる願望である。

第3章

「女性が住みたいまち」に変える

すべて100人女子会からはじまった

としまF1会議メンバー

山田 亜紀子

豊島区から離れていく子育て世代

2014年5月、豊島区が23区の中で唯一、「消滅可能性都市」に選ばれたという衝撃的なニュースが飛び込んできた。

「豊島区を女性が住みたいまちにするにはどうしたらいいのか?」

それまで私は豊島区に住みながら、まったく考えたこともなかった。少子化と人口減少によって、将来的に消滅する可能性のある都市として選ばれたらしい。豊島区に住む者にとっては大問題だ。そりゃそうである。私が住んでいる街にダメ出しされたようなものだ。

「そう言えば豊島区、消滅可能性都市に選ばれているらしいね」

消滅可能性都市の一つとして発表されてからというもの、知り合いと挨拶すると二言目には、からかうようにこの話題を振ってくる。２０１５年の流行語大賞にもノミネートされていたが、私の周りでは間違いなく年間大賞だ。

しかし、個人的にはとても違和感のあるニュース、寝耳に水だと言わずにはいられない。家族と共に豊島区に住み始めて7年、子どもを保育園に通わせながら会社員として働いている。そして当時、妊娠中だった私には、まったくピンとこないものだった。

住んでいる環境と言えば、マンションから歩いていける場所に百貨店や大型家電量販店があり、お気に入りのレストランやカフェも数限りない。

子どもを連れて水族館にいくのも便利だ。散歩のお気に入りコースは雑司が谷。季節を感じる鬼子母神堂※、法明寺※。おしゃれな街並みではないけれど、子育てをしながら働く忙しい日々には、利便性と居心地の良いバランスのとれたエリアであり、とても満足しているのだ。

かつては同じ副都心の新宿、渋谷には勝てない、ダサいなどと揶揄されていたものの、最近では「住みたい街ランキング」上位に池袋が選ばれるなど、豊島区

※鬼子母神堂
1664年に創建。安産や子育ての神様を祀るお堂。鬼子母神堂は国の重要文化財。境内の大イチョウや参道のケヤキ並木は指定天然記念物である。

※法明寺
嵯峨天皇の代である弘仁元年、真言宗の旧跡であり、威光寺として開創された。桜のころになると、70～80メートルにわたり、桜のトンネルができるため「花見スポット」としても有名。

への周囲の見る目も変わってきたように感じていた。

それなのになぜ？

話を聞くと、そのポイントは少子化、のようである。豊島区から子育て世代の女性が離れていくということらしい。理由は一体なんだろう。私の感じている居心地の良さとのギャップが生まれている原因は何なのか。

そんなことを漠然と考えていた頃、なにやら行政も「消滅可能性都市」の汚名返上に向け、解決策を見出そうと行動に出たらしいとの情報がメディアからちらほら聞こえてきた。

おもしろそうなとしま１００人女子会

まず、第１弾は「としま鬼子母神プロジェクト」と称し、女性のライフプラン形成のための健康診断や妊娠・子育て中の女性を対象にした保健所からの訪問、結婚から子育てに関する区の施策やイベントの情報配信アプリなどを豊島区が補正予算に盛り込んだらしい。

やけに早い行政の対応に「自治体の消滅」とのレッテルを貼られたことに対する豊島区の焦りを感じた。身近な「鬼子母神」の名前がついていて、特に情報配信アプリはおもしろそう。でも、これで本当に子育て女性たちの心をつかんでいるのだろうか？　という疑問も湧いてきた。同じ保育園のママは、

「へー。豊島区は頑張るね。でも、それで住みたいって人、本当に増えるの？」


やっぱり……。


そんなときに豊島区が、としまF１会議というものを立ち上げた。「女性にやさしいまちづくり」を進めるために区民である女性たちの声を集め、区政に反映させるとの情報が入ってきた。

そのキックオフイベント、としま１００人女子会が開かれるのだが、それによると、豊島区在住、在勤の女性たちを１００人集め、カフェにいる気分で、ざっくばらんにこのまちでの暮らしや仕事、子育ての話をすることができるらしい。

これこそ「おもしろそう！」である。「参加しなくては」との思いが湧き上が

ってきた。

「街に対する好評価」と「消滅可能性都市」という汚名との謎のギャップに答えが出るかもしれない。まずは、近しい立場の女性たちに話を聞くという豊島区の問題解決に対する切実な思いと、私の個人的な思いの利害関係が一致したのである。

としま１００人女子会の会場は、銀行の会議室を借りたものだった。早めに会場に到着すると、まだ人もまばらな広いフロアにずらっと並べられた会議用のテーブル。テーブルクロスがかけられ、豊島区ゆかりのお菓子やお茶が用意され、壁や窓には飾りもつけられて、和やかな雰囲気を演出していた。

このまちをどうにかしたい

豊島区の「このまちをどうにかしたい」という思いは伝わってきた。だが、「頑張っているけど、さすがにカフェのようにはくつろげないなぁ……」というのが第一印象である。

そんなことを内心思いながら、お茶をすすり待っていると、参加者が続々と集まり始めた。だんだん席が埋まると、賑やかであり、そして華やかである。

女性パワーとでも言おうか。簡素な会議室もこれだけ女性が集まると、本当に大型女子会といった雰囲気になるのには、正直、驚いた。集まった女性たちは学生、主婦、自営、会社員、年齢もさまざま、国籍が違う人もいる。

「なんだかすごい会に来ちゃったな」

その中のひとりのはずなのに、その光景に圧倒されてしまった。バラエティ豊かでどんな意見が飛び出すのか想像もできない。

「豊島区に住みたくなるには何があればいいか?」

「女性が結婚し、出産、子育てを経て継続して住み続けるためには?」

ワールド・カフェという形式でメンバーを変えながら4、5人のテーブルで途中入れ替わりながら同じテーマで話し合う。

これは、おもしろい。さまざまな話が飛び交いながらも共感できるポイントが少しずつ見えてきて、個人の意見がみんなの総意になっていく。参加したテーブルでは、こんなふうにまとめられた。

豊島区には何が足りないのか?

豊島区というと、「池袋」のイメージが強く、治安の悪いイメージがつきまとうが、実は個性豊かな地域の集合体であり、とても便利で魅力的な住みやすい環境。もっと悪いイメージを払拭すべく、アピールしたほうがいい。女性が結婚し、出産、子育てを経て継続して住み続けるためには、

・より良い子育て環境(遊べる場所、緑の多い公園、待機児童解消)
・さまざまな世代、職種、境遇の人たちが関わる地域コミュニティの存在
・ファミリーでもリーズナブルな住環境の充実
・安心、安全に住むための情報の共有

他のグループでも、子育てに関する意見が多数あった。その他にもワーク・ラ

イフ・バランスの推進や自転車道の整備、居心地の良い公園が欲しいなど。

恋人や夫とデートができる「恋が生まれるまち、としま区」、豊島区の多様なエリアにある地域のつながりやアートや文化イベント、元気な商店街といった環境を大いに楽しむ「欲張り幕の内弁当な豊島区」など、そのままキャッチフレーズにして豊島区公式ポスターでも作ったらおもしろいんじゃない？

どの女性もそれぞれに持つ背景は違えども、たくさんの想いをもってここに集まり、豊島区の未来に期待をしている。消滅可能性都市と呼ばれたことで、この街に見限り、離れてしまうわけではないかもしれない。

住み続けたい思いがありながらも、豊島区が何か、たとえば子育てできる環境づくりから離れざるをえなくなっているのかもしれない、と私は感じた。

これから出産や子育てといったライフステージを迎えるであろう多くの若い女性が、この会に参加し、一緒に豊島区の魅力を語り、真剣に豊島区の未来を考える時間を共有している。このこと自体、豊島区の未来は明るいのでは？と単純に思った。

一方、乳幼児を抱えるママグループから待機児童解消を早急にすべきといった区に対する切実な訴えもあった。今、直面する問題解消がなければ、この街に住み続けられないかもしれないという厳しい現実もあることを改めて感じた。反面、その発言に若い女性たちが完全にしらけてしまっている姿も。女性のニーズは簡単に一括りにできないということなのだ。

そんなことを考えていたのだが、この会の終わりの時間が近づいたとき、

「誰が（住みたい街に）するか、自分でしょう」

と、その後としまF1会議の座長を務める萩原なつ子先生が言った言葉がグッと胸に刺さる。自分？　自分でまちを変えるのか？　考えたこともなかった。

子育て世代の女性にとって、このまちに足りないものは見えてきた気がした。ただし欲しがっているだけ、足りない現状に文句を言っているだけでは何も変わらないのだ。

でも、私たち個人個人ができることって、一体なんだろう？　悶々《もんもん》と考えながらふとテーブルに目を落とすと、参加アンケートに「としまF1会議に参加を希望しますか？」の文字。

そう言えば、100人女子会はこのとしまF1会議のプレイベントだった。も

っと踏み込んで話し合う会議に参加すれば、まちを変える何かが見えてくるのでは？

その時期はちょうど産休に入る間際だったこともあり、仕事から一旦離れることの時期に「まちのコト」を考える機会を持つ時間の余裕も見計らって「希望する」に丸をつけた。

100人女子会に参加した後しばらくして、豊島区からとしまF1会議委員としての参加を求める連絡があった。

「そうだった！　日々の忙しさにかまけてすっかり忘れていた」

と、冷や汗が出た。しかし、こういった機会ははじめてである。身の引き締まる思いがした。

「自分でまちを変えること」の意味

第1回としまF1会議は、8月に行われた。「としま100人女子会」参加者や豊島区内の大学生、豊島区のワーク・ライフ・バランス推進認定企業の会社員、豊島区内のＮＰＯ法人に所属する人など、としまＦ－会議委員約30名が勢揃い。まずは、区役所の各部署職員、そして区長や萩原座長も合わせて、一大名刺交換会が行われた。

一人ひとり名刺を交換しながら、自薦他薦で集まった委員がどんな人たちなのか興味津々。中には区内で社会活動をする人、企業で地域課題に携わる人、豊島区議選に立候補を予定している人など、なんとも個性的で活動的。総じて問題意識が高い女性たちが集結しているんだなという印象だ。

初対面での驚きとともに、湧き上がる不安。「なんだか物見遊山的に参加したのか、私は……」それほどの問題意識を持っているわけではない。もちろんそんな活動していることもない。一瞬「失礼しました！」と向きを変えて部屋を出たくなる気持ちにもなった。

何のために私はこの場所に来たのか？

「自分でまちを変えること」の意味を知るためだ。

そして、100人女子会で一緒に話した女性たちの率直な意見の中には豊島区をより住みやすいまちにするための共感できるものが数多くあった。この会議の目的とは結果的に外れるかもしれないが、周りに圧倒されて気負うことなく、自分の目的にまっすぐに行動しよう、密かにそんなことを考えながら気持ちを落ち着かせていた。

まずは、この会議の進め方について説明があった。委員それぞれがテーマに分かれてチームを組み、調査を行い、具体的な施策案を検討すること。そして12月には区長への施策提案報告会を行い、提案が通れば予算化、事業化されるとのこと。

「マジかよ」

言葉は悪いが本当にそんな気分だった。

「会議」との名前から、テーマに沿ってみんなで集まって話し合いを行うものを想像していた。完全に想定外。この日、二度目の部屋から退却したい気持ちになった。チームで話し合いながら、提案の概要をまとめるまでにどれだけのプロセスが必要だろう。すでに産休中のため、ボヤっとしていた頭が仕事並みにフル回転して時間換算していた。

提案までに4カ月しかない。予定されている5回目のFー会議の場だけでは時間が足りないことは明白だ。なんとか落ち着かせた気持ちが、再びざわつく。

「面倒なことに足を突っ込んじゃったな」

しかも、あと1カ月後には出産予定日。どれだけの時間をこれから割くことができるのだろう。自分の無謀さ加減を呪った。そんな取り残された気持ちとは、お構いなしに会議は進む。

テーマとして選ばれたのは「子育て支援」「ワーク・ライフ・バランス」「ブランディング」「広報」「コミュニティ創成」。

どのチームを希望するか。どれも気になるワードなのだが個人的な問題意識が薄いためか、うーん、ピンとこない。そう思っているのは私だけか？　何度目かの冷や汗を心の中でかきながらも「広報」を選択した。

ふと思い出したのは、100人女子会でのこと。参加した女性たちの多くが口にしていたのは、豊島区に対してのポジティブなイメージ。でも、その魅力を活かしきれていない、残念という思い。そこに共感した。

ネガティブなイメージを払拭し、魅力をアピールする広報活動が必要ではないだろうか。私を含め数多くの女性たちが住み良いまちだと感じていることを発信し、他の人たちとも共有できればいい。

チームに分かれて話し合う。手元に集まった名刺と共に、各々のチームの顔ぶれを見ると、活動や所属する団体や会社などがテーマと結びついており、適任だと感じた。また、周囲で話し合っているチームごとにそれぞれの思いを持って望んでいて、やる気満々に見えた。

やはり「子育て支援」を選ぶ委員が一番多く、2チームに。「広報」は一番人数の少ないチームだった。私よりひと回り以上若いメンバーもいる。

少数精鋭、平均年齢を押し上げた私は彼女たちと共に最後まで走り抜くのだ。弱気になっていた心をそう奮い立たせた。

広報誌は見たことがない

最初に「広報」というテーマを元に豊島区から発信する情報を受け取るターゲ

ット、発信媒体について話し合った。若者、ミドル、シニアと各層によって欲しい情報や目的、受け取りやすい発信媒体がそれぞれ違うだろう。

特に発信媒体は、若者の場合はＳＮＳ※やインターネットの方が受け取りやすいだろうし、年齢が上がるほど広報誌のような紙媒体が良いのではないか。

豊島区の広報の現状はどうか。

広報誌「広報としま」や区公式ホームページ、ケーブルテレビのコミュニティチャンネルなどで情報発信を行っている。広報に特化したＳＮＳの活用は、今のところしていない。本当に必要な人たちに情報が届いているのか気になるところである。

私は地域のイベント情報を入手するために、普段から広報誌をよく見ていた。しかし、「広報誌は見たことがないです」と、チームメンバーは口を揃えて言った。見る気になれなくて手に取らないのだという。見たことがないとは、驚きである。区公式ホームページについては、必要な情報がどこに掲載されているのかを探すのに苦労しているとの意見で一致した。

もっと今の状況を掘り下げて見ること、他自治体の状況とも比較してみること

※SNS
ソーシャル・ネットワーキング・サービス。人とのつながりを促進したり、支援するコミュニティを重視させたウェブサイトやネットサービスのこと。

が良いかもしれないと話した。また、発信している側の意見も聞こうと、豊島区広報課へのアンケートやヒアリングも計画した。

「広報としま」は改めて見ると、表紙には写真を大きく使い親しみやすい印象があるものの、中を開くと文字が多く、区からのお知らせや催しの情報などが同じような構成で羅列しており、よく見ないと必要な情報も見落としてしまいそうなことがわかる。これでは目を通す気持ちになれなかったというチームメンバーの言葉を裏づけるようなものだ。

全国広報コンクールで入賞するなどの実績がある神戸市の広報誌を取り寄せてみた。

紙面全体に写真やイラストを多用し、見開きの2・3面で特集記事、情報ページはテーマごとに色を変えてあるためわかりやすく、学生記者を起用した企画や暮らしのお役立ち情報など、市民ならきっと読みたくなる工夫がされていた。

広報課長へヒアリングすることで、さらに広報誌の課題が浮き彫りになった。役所内が縦割り組織のため、各担当課がそれぞれの事情から掲載したい情報を提供しており、優先順位をつけられない。それによって情報を整理できず、雑多な内容になってしまっているという。

誰に何を伝えるのかをわかりやすくするために、子育て、健康、アートイベントと各号特集を組むのであれば、紙面上の構成を優先し、どの時期にどの情報を紙面に組むのか、中・長期的な計画を立てる必要がある。

それには、各課担当を巻き込みマネジメントすることが欠かせないだろう。広報誌を制作するうえで組織体制のあり方も提案内容に含めることにした。

「広報誌」より大切な「ホームページ」

区公式ホームページは当時、リニューアルに向けて準備段階であることがわかった。豊島区でも、区公式ホームページの使いづらさという問題への認識はあり、改善を行う予定とのこと。すでに着手しているのであれば、改善の提案をしても検討の余地がないのではないかとの意見もあった。

ホームページは広報誌よりも多くの情報を掲載可能であり、即時に情報へのアクセスが可能であるため、メインの広報媒体として重要であると位置づけていた。

そこで私たちは、どんなホームページが欲しいのかを整理することにした。まずは、訪問者が目的の情報に迷いなくたどり着けるよう、情報のカテゴリを明確にし、整理して掲載する必要があると考えた。

この辺りはホームページのリニューアルによって改善できるのではないか、と期待する一方で、情報を求めて訪れた人が親しみやすさを感じるようなしかけをすることで、豊島区のファンを増やしたいとも考えた。

たとえば、相談窓口のスケジュールには担当職員の写真やメッセージを一緒に掲載したり、豊島区に在住する外国人ナビゲーターによる街の紹介ページを作り、外国人視点での情報発信などコンテンツの充実を提案に加えた。

時期尚早と判断されたSNS

当初、広報を考え直していくうえで一番期待していたのは、SNSの活用だった。特に若い世代へ情報を伝える媒体としては最適であり、東日本大震災をきっかけにして他自治体での積極的な活用も注目されるようになっている。

ある都市は、市の情報をすべてSNSに移行し、日常でも情報発信するなど話題になった。としま100人女子会も参加者の中には、SNSで知ったという人が複数いたこともあり、豊島区でも有力な情報ツールとなりえるのでは？　と考えた。

しかし、具体的にどのような活用方法で使用すれば豊島区の広報媒体として効果的か、そこを見出すには至らなかった。現在、SNSを使用した情報発信をしていないこともあり、区役所内で運営体制を新設するとしても費用対効果が得られるかどうかが不透明。

もっと時間をかけて考える価値はある。区長が直接、区民に語りかけたり、開催中のイベントをリアルタイムでレポートするなど、ある意味、豊島区広報の目玉になりそうな広報活動ができそうなSNS活用の提案ができなかったのは、一番の心残りである。

区役所に集まり定期的に行われた会議の場では、各チームが提案内容を発表し、豊島区役所の各課課長や他チームによる質問や意見が飛び交った。

最終的に予算化することになれば役所内の担当課が動くこともあり、実現性を意識した厳しい意見が飛ぶことも多々あった。逆に、区の課長たちの後ろ向きで否定的な意見があると、

「本当に豊島区は変わる気があるんでしょうか！」

と委員が厳しく声を荒げることもあった。その通りである。本気の提案だからこそ実現させたい思いが強くある。簡単に否定されてはたまらない。

委員たちの真剣さが伝わる場面であった。他チームからも鋭い指摘を多数受け、内容を再検討することもあったが、隣のチームは敵ではない。切磋琢磨して他のチームも納得するようなより良い提案をしたい。心からそう思えた。

また、他のチームの活動を知ることで自身のチームを振り返り、発奮する良い効果も生まれていたように思う。

区内の公園を独自の視点で査定したり、区外への施設訪問をしたり、１００人女子会のような当事者の生の声を聞く会を開催するなど、提案をよりブラッシュ

アップすべく、どのチームもできる限り精力的に活動していた。

必然性のある提案に価値がある

委員それぞれが、子育てや仕事に追われる忙しい人が多い。どこにそんな時間があったのか。子育てや仕事の合間にさらにこのような活動を行うことは相当な負担があっただろう。並大抵の努力では実現できなかったことは確かである。

私は妊娠中だったため、産前休暇中で仕事こそなかったが、長男の子育てをしながら資料を収集したり、チームメンバーと打ち合わせをする必要があり、夫に子どもの世話を頼んで参加することもあった。

また、広報課長にヒアリングをするという当日の早朝に陣痛があり、病院に向かうタクシーからチームメンバーにLINEで参加できないことを伝えた。焦りながらの早朝連絡にもメンバーがしっかりとヒアリング対応をしてくれて、私も無事、出産できたのは、今では良い思い出である。

私は出産予定日が迫るにつれ、とまどう場面もあったが、出産前後の私を抱えた他のメンバーこそ、ヒヤヒヤものだったのではないかと想像する。メンバーは出産後の私にも随時、メールで進捗状況を共有したり、出産祝いも持参してくれた。新生児を抱えながら自宅で打ち合わせもしたが、そこまでして何をつかみたかったのだろう。

限られた時間の中で女性が住みやすい街にするには、何が必要なのかを真剣に考え、本当に納得する形で最終提案を行いたい。誰もがその一心だったと思う。最終提案までの期間、区役所の各課長の意見を何度も聞くことができたのだが、実際に予算を使い実現する側であるのは担当課である。実現性の高い提案をするには有効だったと思う。

担当課によっては最終提案に至る前の段階から提案内容を聞いて、今の役所内でできるところは、早めに変えていこうという気運を生んでいた。

反面、委員である私たちが役所側の意見を聞くことにより実現性の高さを意識し過ぎて、提案の軌道修正を行う傾向がありがちだとも感じていた。

確かに、実現がむずかしい提案をしたならば、予算化される可能性は低い。だが、私たちが本当に必要だと思うものは何かを考え抜いたときに、結果的にそうなったとしても、その必然性を訴える価値はあるのではないか、ということを常々考えていた。

課題は女性が求める情報を伝えること

広報チームでまとめた提案を最終提案前に改めて見たときに感じたのは、区民全体への広報のあり方を検討した結果、「女性が住みたくなるような情報」をどのように「女性に伝える」のか、ということを検討できていないことだった。

そのとき、ふと思い出したのは豊島区がすでに始めていた「としま鬼子母神プロジェクト」の一つ、「としま見る知るモバイル」という情報配信サイトである。

このサイトには、子育てに関する情報の発信やあらかじめ登録しておくと、子どものワクチン接種時期などについて、メールでお知らせが来るといったサービスがある。

私もサイト開設当初から登録し、内容を閲覧していたのだが、情報の配信頻度は低く、掲載情報に響くものが感じられず不満を持っていた。

「としま見る知るモバイル」
「としま見る知る」モバイルは豊島区の情報発サイトだ。

実際、周囲の子育てをするお母さんたちに当サイトについて聞いてみたところ、サイトの存在すら知らない人ばかりだった。今年、子育て女性のための公共サービスとして鳴り物入りで始めたのにこんなことでは、女性たちが呆れて区を離れてしまうのでは？ と心配してしまった。

一方で私は、ベネッセが提供する携帯アプリ「まいにちのたまひよ」を日常的に利用していた。

出産予定日や子供の誕生日を登録することで、妊娠、子育て時期の状況に合った情報を自動配信するサービスで、その時期のお母さんの心情に寄り添う視点で情報提供があるため、不安な気持ちになったときでも、ちょっと立ち止まってホッとすることのできる良質なサービスだと感じていた。

としまF1会議委員としての活動をしている間に、偶然ベネッセの担当者と話をする機会があった。ベネッセでは自治体の配信アプリとして「まいにちのたまひよ」の情報に公共の情報を付加するサービスの提供を考えているとのこと。

これを豊島区が採用したら妊娠中、出産後の女性に寄り添いつつ公共から発信すべき必要な情報をタイムリーに提供できる良質な公共サービスになり得るのでは？　と、急遽最終提案に組み入れた。

すでに運用しているサービスの欠点を上げ、新サービスを提案するという行為は、まさに役所の立場では耳が痛いものだったかもしれない。

もし、女性の心に響かせることを本気で考えるのであれば、もっと現状を問い、なにを改善すべきか、本質を徹底的に追及する必要があったのではと思っている。

12月11日、区長への提案発表が行われた。各チームが4カ月にわたり調査やフィールドワークなどを実施、議論が重ねられ、計4回の中間報告を経て提案を完成させたのだ。

報告会が行われた会場は、としまF―会議委員と区長を筆頭にした区役所の職員の方々が向き合い、「戦国時代の合戦ですか⁉」と言いたくなるような座席配置だった。今まで会議を重ねた馴染みのある顔が揃う中でありながら、区長や副区長を先頭に並んでいるとピリっとした緊張感漂う会場の空気が痛い。

「緊張したんで、私は無理！　あとはよろしくね」

などとメンバーに軽口を叩きながらも、今までの中で一番の冷や汗をかいていた。でもこれで最後だと思うと徐々に気持ちもラクになった。会場の雰囲気をねじ伏せて、どのチームも自信を持ってこの場に臨み、提案を発表していた。

説得力のある力強い発表の中にも、寸劇が行われたり、服の色を揃え、同じコサージュをつけて華やかさを演出するなど固い空気を和らげる工夫もあった。

それは提案をよりポジティブに受け止めて欲しいという思いがあってこそだったのであろう。

広報チームでも豊島区、神戸市の広報誌を配り、実際に比較することで目に訴える工夫をした。それを受けて、各関係部署長からの言葉にもしっかりと受け止める姿勢や、予算化される前から業務に組み込める提案についてすでに検討し、動き始めているという頼もしい言葉を聞くこともできた。

また、要所で区長が部署長からの意見を求める場面があったことは印象的だった。役所側の真剣さや本気度を感じ、身の引き締まる思いがした。

最後に区長から最大限事業化、予算化し区政に反映させることを約束するとの言葉があり、としまＦ１会議は幕を閉じた。

第4章

区民が手にいれたもの

「本気の行動」が門戸を開く

としまF1会議メンバー
山田 亜紀子

予算案「2015としまの本気!」の発表

年が明けた2月に豊島区は、平成27年度予算案を発表した。

「2015としまの本気!」

とのキャッチフレーズのもと、過去最大規模の予算の中で、としまF1会議による区長への提案の中からどれだけの事業が予算化されたのかは、注目の的だった。提案について検討結果の詳細は後日、委員が招集され報告会にて説明があった。

私も会議中に産まれた子どもを連れて参加した。ふたを開けてみると、6チームの各テーマからそれぞれ1提案以上は採用され、11事業約8800万円が具体化された。

特に5月に開庁する豊島区新庁舎4階に会議室として予定されていたスペースを子育て相談、情報スペース「子育てインフォメーション」として開放し、妊娠、

豊島区新庁舎４階に子育て相談、情報スペース「子育てインフォメーション」をオープンした。

出産や子育てなどの相談や区の担当窓口への案内を行う「子育てナビゲーター」の配置をするとの決定は、いちばんの目玉であっただろう。

私たち広報チームの提案からは広報誌の刷新が採用されたが、それ以外は今後の検討事項に留められた。全体的に採用された提案はなるべく実現可能なものに絞っている。

また、事業化するには至らないものの検討のためにワークショップを実施する予算がとられたものもあった。

すでに区の事案の中にあったプレーパーク事業の拡充やリノベーションまちづくり事業についても、としまF1会議提案の成果として、公表されているというのは、どうなんだろうか。大きな変化を生み出すには物足りない印象に思えた。

予算化されなかった提案についても、区担当課での実施を検討すると数多く書かれていたものについては責任を持って今後も検討して欲しい。

しかし、報告会では委員からの再検討を要望する声や質問などはほぼなかった。完全燃焼して、後はどうぞ、煮るなり焼くなり好きにしてくれという思いだったのか。私自身は確かにそう思っていた。

そして報告会の後、ささやかな懇親会があった。肩の荷を降ろした委員たちの話題に上ったのは保育園の4月入園ができるかどうかである。

私も入園申し込みをした当事者であった。FI会議であれだけ女性に住みやすい街にするためには何が必要か？　と頭をひねらせていたが、本当に今、一番何が必要だと問われたときに保育園の整備だという現実は、なんとも皮肉に思えた。

もちろん、当年度豊島区は待機児童解消に向けた約19億円の予算計上している。住みやすさにつながるさまざまなサービスの提供よりも、まずは子どもを安心して預けることができるかどうか。豊島区がしなくてはならないことはとても多い。

生まれ変わった「広報としま」

その後、提案から選ばれ、予算のついたものが事業化し、どのような形となって実現していくのか、ときが経つにつれ気になり始めた。年間を通してその成果を知ることとなる。

私たち広報チームが提案した中から選ばれたのは、広報誌の刷新である。

広報誌「広報としま」は特集版と情報版を発行するという形に生まれ変わった。特集版は全面カラー、表紙にその号の特集記事をわかりやすく打ち出している。中面は写真が豊富でコーナーごとにデザインも変え、ビジュアル的にも目を引くようになった。

インタビューを取り入れたり、大学生による企画など、ときにコミカルだったり、「へぇ、なるほど」と知識を深めることができ、読んでいて満足感がある。

子育てに関するコーナーが常設されたことも一つの特徴。そのコーナーは毎号必ず目を通すようになった。一方、情報版は地域のイベントやお知らせを種類別に羅列して数多く掲載している。

二つに分けたことでメリハリのある広報誌に様変わりした。また、9月、3月と年に2回、広報としま特別号として「としまplus」を発行。広報誌としては珍しいA4冊子版。

初回となる9月号は、冊子の約半分で「子育て」をテーマにした特集が組まれ、鬼子母神プロジェクトや子ども家庭支援センター、地域での子育てなどを女性雑誌風に明るく楽しげな読み物として掲載し、とても印象に残るものとなっていた。

広報としま
特別号「としまPlus」

試行的に実施されたものではあったが、かたくなりがちな自治体からの発信をもう一度見直し、読み手である区民、そして住んでいる女性たちのニーズをイメージし、思わず手にとって読んでみたくなる冊子になっていると感じた。

表紙に、

「この号はとしまF－会議からの提案を受け発行しました」

の文字。「よし！」と小さくガッツポーズをしたのは言うまでもない。提案には苦労した分、本当に感慨深いものがあった。

更新されないホームページに需要なし

一方で予算化には至らなかった区公式ホームページは2015年5月にリニューアルしたが、利用者に親しみやすく、わかりやすいホームページになるにはもう少し工夫が必要である。

ある日、イベントカレンダーに並んだものから対象者を「子育て」にしてみると、ここ3カ月中のイベントは3件。


本気で女性に住みやすい区にしたいと思っているのか？


と目を疑った。本当は私が把握しているかぎりでも区主催のイベントで子育て、家庭が集まるものが、もっと存在するのだ。ホームページを活用して今、豊島区が推進しているさまざまなイベント、活動をどんどん発信してもらいたい。

子育てアプリサイトもしかり。定期的にチェックしているが、いつまでたっても刷新されないサイトに需要はない。

また、近隣の区はすでにフェイスブックなどSNSも利用し、情報発信をする事例も見受けられる。魅力的な情報が流れてくると、

「○○区っていいなぁ」

と思ってしまう。魅力にあふれた豊島区であることを知っているからこそ、ぜ

ひその魅力をアピールする仕組みをもっと追求して欲しい。

「何のため」が抜け落ちているか？

他チームの提案したものも目に見える形となって実現している。豊島区新庁舎4階の会議室として予定されていた一区画は「子育てインフォメーション」としてオープンした。明るい室内にかわいらしいおもちゃが用意され、壁には子育てに関連する情報が数多く置かれており親しみやすい空間となっていた。

子育てナビゲーターが常駐し、プライベートなスペースで子育ての心配事を相談することができる。残念なのは、想像していたよりもスペースが限られ、大人数の親子がワイワイと集うにはむずかしいこと。

また、土日も利用できるのは働く親にはとてもありがたいのだが、実際に訪れてみると4階フロア全体が薄暗く「本当にやっているのかな？」とおそるおそる覗いてみたら開いていたという状況だった。

常駐の担当者に聞くと、平日に比べると土日の来訪者は限定されており、土日に利用可能であるということの場所の存在を、必要な区民にどのように知ってもらうのかが課題だそうだ。

　私も働く親のひとりとして、「子育てインフォメーション」を子育てに関する情報を得たり、相談をする場所として利用するか？　と言われると近くに住んでいながら、なかなか足が向かない。普段から保育園やママ友に相談するなどして充足しているからだろう。

　ただし、週末ではないが役所内での会合に呼ばれた際、この場所で何度か託児をしてもらい大変助かった。親にとっても子どもにとっても安心して利用できる場所であることは確か。

　場所を作ることが結末ではない。本当に必要な場所にしていくことが次のステップであり、利用する人達のニーズを取り入れながらより活用される場所にしていって欲しい。

　他にも「としま100人社長会」[※]の開催が実現した。これは区内企業・事業所の経営者へワーク・ライフ・バランス推進の啓発を行い、他社での取り組み事例などを共有し、広げていくことを目的としたものだ。

※としま100人社長会
事業所トップの意識改革という発想からワールド・カフェ方式で開催。「働きたい人みんながいきいきと働ける」ための方策などを話し合った。

しかし、いざ企画してみるとなかなか区内企業の経営者の応募が集まらないというのが、現状だったようである。

区内の会社経営者の中には、

「社員のワーク・ライフ・バランスを整えることが会社にとって売上を上げることになるのか？」

との意見も複数あった。ワーク・ライフ・バランスとは何のためにするものなのか、従業員のため、ひいては会社のためになるという説明が足りないまま開催されたのではもったいなかった。豊島区内には中小企業も多い。

今でこそ女性活躍推進法※が成立し、国をあげて労働環境の整備を見直すことへの関心が高まっているが、大企業を対象にしたものであり、中小企業は現実的に厳しいのでは？と思っている経営者も多いだろう。

今後は、社員数が少ない会社ほどメリットがあるワーク・ライフ・バランス推進を具体的に知ることができるような、経営者にとって琴線に触れるイベントを期待したい。

※女性活躍推進法
2016年4月1日から労働者301人以上の大企業は、女性の活躍に向けて行動計画の策定などが義務づけられた。

かけ離れる「リノベーションまちづくり事業」

提案の中でも大きな予算のついた、リノベーションまちづくり事業。子育て家庭が働きながら暮らし続ける豊島区を実現するために、空き家を活用しようというものである。

2015年9月に空き家を活用し、事業を行うことを学ぶリノベーションスクールが開催され、「豊島区リノベーションまちづくり検討委員会」により「豊島区リノベーションまちづくり構想」が2016年1月に策定された。

構想の冒頭には、近未来の豊島区のある一旦として子育て中のお母さんが会社を辞め、まちで働くことを選び、地域の人と関わりながら楽しく子育てをしている、そんなステキなストーリーが描かれている。うれしい提案である。

ただ中身を紐解いていくと、その生活に至るまでにはどうしたら良いのかというプロセスが読み取れない。リノベーションまちづくりとは、豊島区に約2万戸存在すると言われる空き家を子育て世帯向け住宅に転換することではないらしい。

第1回リノベーションスクール@豊島区
(2015年3月)

リノベーションスクールから生まれた空き家活用は、海外旅行者向けの民泊とカフェの複合施設や、ものづくりをする人たちのシェアスペース。今後はアトリエや稽古場といったアーティスト支援のためにリノベーションを活用するとの話もある。

本当に子育て家庭の暮らしのために空き家を活用する気があるのだろうか？としまＦ１会議での提案の思いからは、どんどん離れつつある。本当に必要なものはなにか。徹底的に議論し、方向性を見直して欲しい。

予算化の講評会が終わってからとしまＦ１会議委員として招集されることはなかったが、私の生活にもさまざまな変化が起きた。

サンシャインシティ横にある造幣局移転にともない跡地にできる防災公園について、地域住民とどんな公園にするかを考えるワークショップに参加したり、池袋駅周辺のまちづくりや都市基盤整備のガイドラインを作成する「池袋駅周辺地域再生委員会」の唯一、女性の委員として参加するなどの機会を得た。

意見を求められる機会が多くなったことで、気づいたことがある。

私のように企業で働きながら、子育てをする女性がまちのことについて意見を言うこと自体が珍しいということだ。1年前の私も100人女子会がなかったら、

「住んでいるまちをどうしたいのかな」

と考えもしなかっただろう。私自身、育休後の仕事復帰も果たし、ますます忙しい。その中で、まちのことを考える時間を工面するだけでも正直、とても大変だ。そして意見を言ったことによってまちがすぐに変わるわけではない。そういった意味で言えば、としまF1会議は、とても貴重な場だったということだ。

バトンを渡し、生じるジレンマ

としまF1会議の委員をしたことで、周囲からさまざまな反応があった。

「としまF1会議委員は、ただ自分の欲しいものを要求しているだけで、自分たちは何もやらないじゃないか」

との声も。としまＦ－会議委員たちが、提案に漕ぎ着けるまでの苦労を目の当たりにしてきただけに、反論したい気持ちでいっぱいだった。

提案は区が事業化し、実現をすることを前提として行ったものであり、豊島区にバトンを渡さなくてはならない。

できるなら自ら予算化された事業に携わりたいくらいの思い入れを持って提案していた。やりたいけどできなかったのだ。私自身そんなジレンマを抱えていた。

しばらく経って偶然会ったある委員は、

「最後までチームで散々考え抜いて、これでいこう！　と提案したけれど、それが本当に自分が欲しいものだったのか、と今でも考えることがあるの」

と言っていた。他の委員には、

「完全燃焼してしまって、その結果どう予算化されようと実現しようと、どうでも良くなったわ」

と打ち明けられたことも。仲間のひとりとして彼女たちにはそれでも、私たちは、としまＦ－会議委員として責務を十二分に全うしたのだと言いたい。

はじまりは「消滅可能性都市」だった。

豊島区から子育て世代の女性が離れていくのを止めたい。子育て世代を増やしたいと思うならば、その当事者たちに何が必要なのか聞くのが一番早いのだ。それを豊島区は早急にやってのけた。

「ただ意見を聞くだけではない。意見を言うなら具体的な事業提案までしなさい」

と言ってきたのだ。今だから言うが無茶振りにもほどがある。しかし、それを委員たちは全力で受けて立った。その結果、形になったものがある。そこに至るまでに、たったの2年である。

としまF1会議に参加したことで得られた最大の報酬は、まちに住む者として欲しいと思ったものがまちに生まれるプロセスを目の当たりにできたことだろう。一つひとつは、たいしたことではないかもしれないが、継続することで大きな力になると確信する。

私の周りにいる子育て世代の人たちは本当に忙しく、仕事や子育てで、日々いっぱいいっぱいだが、待機児童や住環境の問題など、さまざまな問題を抱えている。

「どうせなにも変わらない」と諦めてしまっては、本当になにも変わらない。

住んでいるまちに愛着があればこそ、抱えている問題を解決するためには、何が必要なのか、何が足りないのか真剣に考え、必要な力を集める。行政か、民間事業者か、住民一人ひとりの力か、はたまた複数の力が協力し合うことで実現ができるかもしれない。

そんな住民の声をすくい上げることのできる門戸を開いた豊島区であることこそが、本当の住みやすいまち・豊島区への第一歩である。

第5章

行政にもたらされたもの

女性たちがつなぐタスキ

としまF1会議アドバイザー委員
矢作 豊子（豊島区広報課長）

提案事業の予算化は「はじめの一歩」

2014年7月に開催したキックオフイベント、としま100人女子会の参加者を母体にとしまF1会議が立ち上がったのが、翌8月。それから約5カ月間集中的に議論が重ねられ、区への提案が発表されたのが翌年度予算の編成作業が追い込みに入った年末の12月。

翌年2月の予算議会を控え、予算を固めるのに残された時間は年末年始の休みを挟んで1カ月を切っていた。そんな時間に追われる中でも、としまF1会議からの提案の事業化は最優先課題とされた。

半年足らずの期間ではあったが、各チームが密度の濃い議論を重ねた成果をどのように受け止めるか。それは、区の本気度が試される場面でもあった。

予算化の経緯については、すでに第2章で述べられているので繰り返しはなるべく避けるが、通常、毎年11月には各部局から次年度に向けた新規拡充事業提案が出揃い、企画・財政部門の厳しい査定を受け、多くの提案が不採択、よくて規模縮小の運命に身を沈めていく。そんな中、ギリギリの調整が重ねられ、としまF－会議からの提案は予算化された。

これほどの短期間で、しかもこれほどの規模で、区民主体の会議体からの提案が予算化されることなど、おそらく区政史上でも例のないことではなかったかと思う。

無論、としまF－会議からの提案がすべて予算化されたわけではなく、参加されたメンバーにとっては、100パーセントの満足を得られる結果ではなかったかもしれない。それでもなお、メンバーたちの声は区を動かしたのだ。

「私たち」が主語になるパワー

私たちが豊島区を消滅させない！

提案発表の場での潔いまでの宣言は、区を動かすのに十分な力があった。

何しろ、「私たち」が主語なのである。行政に対して要望するだけではなく、自らのこととして発した言葉に、応えないという選択はあり得なかった。言いっぱなしにしないという熱い視線を、聞きっぱなしにできるわけがない。

振り返ってみると、そうした方向性は、実はスタートのとしま１００人女子会のときにすでに芽生えていた。

ワールド・カフェ方式で行われたとしま１００人女子会のテーマ（問い）は、

「豊島区に住みたくなるには、何があったらいいと思いますか？」

このテーマに対し、実に６４３もの個人意見が出され、それをグループごとに分かれ、「〇〇なまち豊島区」としてまとめた提案の中身は、子育てはもとより、地域とのつながりやワーク・ライフ・バランスの推進、ソフトの情報発信からハードのまちづくりまで、実に多岐にわたっていた。

多様な意見・アイデアを目の当たりにして、そうした「意見＝ニーズの掘り起し」がこれまでなされてこなかったことに、行政側の人間として忸怩《じくじ》たる思いを抱きつつも、女性にやさしいまちづくりを少子化対策に矮小化しなかった区の方向性は間違っていなかったと、改めて実感させられた。

そして、としま100女子会の締めくくりに、としまF1チーム総監督である萩原座長が参加者にこう呼びかけたのだ。

「住み続けたくなる豊島区を実現するために、『私にできることは何か』そして『私たちにできることは何だろう？』と、共に考え、その実現を目指して、一緒に行動を起こしていただけると、うれしいです。今日のキックオフミーティングが、その一歩になることを確信しています」

この呼びかけに応え、としま100人女子会から引き続き、としまF1会議への参加者は19名にのぼった。としまF1会議委員32名の半数以上を占める。当初は、数名が参加してくれればと思っていた事務局サイドにとってうれしい誤算だった。

そうした参加意欲こそが、としま100人女子会で出されたさまざまな意見を背負いつつ、「区へのより具体的な事業提案」として短期間にまとめていくという、としまF1会議のハードなミッションを常に支え続けていたと思う。

さらに、広報課長という立場から言えば、提案の事業化には、メディアの影響力も大きく働いたと感じている。

消滅可能性都市の発表以来、豊島区の動きは多くのメディアから注視されていた。とは言え、区長の月例記者会見で、としまF1会議の設置と、それに先立つキックオフイベント、としま100人女子会の開催を発表した当初は、若年女性に対する「人気取り」と揶揄する向きもあった。

それでも、会議が重ねられ、いよいよ提案、そして事業化という流れが見え始めると、メディアも「結果」に注目した。

後には引けない……。

メディアの注目が区の対応を方向づけた側面があったことも、否めない事実であったと思う。

「２０１５としまの本気」予算

その注目に応えるべく、２０１５年２月４日、平成27年度予算のプレス発表。

新年度予算の目玉事業をまとめたプレス資料は例年広報課で作成している。その表紙に、通常のタイトルである「平成27年度予算案重点事業」とは別に、特別な思いを込めてサブタイトルを付け加えた。「消滅可能性都市から持続発展都市へ――２０１５としまの本気！」

ここで区の本気度を見せなきゃ、広報課長の名がすたるってなもんである。

もちろん目玉中の目玉事業は、子育てナビゲーターの配置、新庁舎への保健所出張窓口の設置、としま１００人社長会開催などなど、としまＦ１会議からの提案を受けた11事業、８８００万円の予算化である。

手前味噌になるが、その11事業の中には、「読みやすく手に取ってもらえる広報紙を」との広報紙面の改善提案を受けた「広報としま発行事業」の拡充予算５１７万円も含まれていた。

そして、この後押しがあったおかげで、その年の５月、ずっと課題として抱えつつも、抜本的な改善には踏み出せないでいた広報紙の全面リニューアルにつなげることができた。

広報紙の発行をはじめとする広報事業を所管する身としては、行政の基幹的な業務との自負はあるものの、保健福祉や防災など、区民の生命・生活に直結する事業ではないので、厳しい財政状況の中、おいそれと予算の拡充など望めないと半ば諦めてもいた。

としまF1会議から出された「字ばっかりの広報紙は読む気がしない」「お金をかけても読まれない広報紙は無駄」という、あまりにもストレートな意見は、そんな私の弱気を引っぱたいてくれた。

まさに、ここで本気を出さなきゃ広報課長の名がすたるってなもんだったのである。私自身にとっても、「ジブンゴト」だったのだ。

そんなわけで、「2015としまの本気」と題したのには、実は二重の意味を込めていたのである。そして、「2015としまの本気」予算は無事、議会の議決も得て、広報紙の全面刷新も含め、としまF1会議からの提案事業は新年度から順次始動していった。

まずは、めでたしめでたし……と言いたいところだが、これでおしまいというわけにはいかない。

あちこちに潜む、声にならない声

直接耳にしたわけではないが、「なんで、としまＦ１会議の提案だけが……」という声もあったと聞く。あちらを立てればこちらが立たずというのはよくある話だ。

例年、さまざまな区民団体、関係団体から、区に予算要望が出されるが、必ずしも要望通りにいかないことも多い。何年も要望を重ねてやっと予算がつくというケースもある中で、言わば、ポッと出の新人においしいところを持って行かれたように思われても無理からぬことではある。

ただ、あえて誤解を恐れずに言わせてもらえば、としまＦ１会議の提案を事業化することは、新しい区民参加の道を拓くことにつながったと思う。

これも手前味噌な話になるが、以前、私は自治協働を担当していたことがあり、区民参加、区民との協働を広げていくミッションを抱える中で、行政がいくら参加・協働の旗を振っても、大半の区民には届いてないのではないか……理想と現実のギャップを身に染みて感じていた。

考えてみればあたり前の話で、日々の暮らしに忙しい大半の区民にとって、その暮らしに直接、大きな影響をおよぼすようなことがないかぎり、行政に対して何か物申すなどということは面倒なことでしかない。自分自身を振り返ってみても、そう思う。

もちろん、そうした日々の暮らしの中で、

「もっとこうだったらいいのに」

と思うことはある。だが、それを実際に声に出して言うまでにはいたらず、そもそも、どこに向かって声を発すればいいのかもよくはわからない。

声にならない声は、あちこちに潜んでいる。

おそらく、としまF1会議に参加したメンバーの大半も、自分たちが区に何か提案することなど、1年前には思いもよらないことだったのではないだろうか？

という以前に、「F1世代」の多くの女性たちは、行政に対してそれほどの関心も期待も抱いていなかったかもしれない。

それが、豊島区が消滅可能性都市に名指しされたことをきっかけに、としまＦ－会議という自分たちの声を発する「場」が用意された。それこそが、それまで潜めていた声を発することができる「場」として、受け止められたのではないだろうか。

だからこそ、自ら「当事者」としてその「場」に参加し、自分たちの声を区はどのように受け止めてくれるだろうかという期待と不安の入り混じった感情を抱えながら、プライベートな時間も削り、所管課へのヒアリングや他自治体への視察も含め、後に「こんなはずじゃなかった」という感想が漏れるほど多くの時間をかけ、自分たちの声を単なる「要望」ではなく、「提案」という形に仕上げていったのだ。

こうしたプロセスこそが、メンバーたちの「参加意識」を高めていったことは間違いないと思う。

「私たちが豊島区を消滅させない！」

という宣言は、相互に「※エンパワーメント」し合ったメンバーが共有した「想い」の表れではなかったか。その道筋を導いたのは萩原座長（※としまF1チーム総監督）だったかもしれないが、その道を切り拓いたのは、メンバーたち自身に他ならない。

切り拓かれた道は、さらにその先へと進めていかなければならない。

としまF1会議提案の事業化は、参加メンバーたちにとっても、区にとっても、ゴールではなく、むしろスタートだと、今さらながら感じる。

声にならない声は、まだまだ、あちこちに潜んでいるのだ。

「女性施策」が重点政策の中心《センター》に

としまF1会議がもたらしたものの中でも、一番目に見える形で変化したのは、女性施策の位置づけだと思う。

※エンパワーメント
組織や社会を構成する一人ひとりが、発展や改革に必要な力を発揮できるように支援すること。

たとえとして適切かはともかく、ＡＫＢ48の総選挙でその年のセンターが決定されるように、区のさまざまな施策においても、やはりその時々の社会情勢を反映した旬な施策というのがある。

もちろん、福祉や教育などは、ある意味で普遍的な政策分野と言えるし、防災や治安対策など、区民の安全・安心を守ることも基本中の基本施策に位置づけられる。

しかし、そうした中でもその時々で、重点施策としてスポットライトを浴びる施策というのがあるのだが、私の記憶する限り、女性施策がそうした表舞台に上がることなど、ほとんどなかったように思う。

豊島区は、１９９２年に「男女平等推進センター」を開設、男女共同参画社会の実現に向け先進的に取り組み、２００１年に「豊島区男女共同参画推進行動計画」を策定、２００２年「豊島区男女共同参画都市宣言」、さらに翌２００３年には「豊島区男女共同参画推進条例」を制定している。

男女共同参画の取り組みにおいて、豊島区は先進自治体と言えるのだが、それでもなお、男女共同参画推進施策が、区の重点施策の中心に位置づけられること

※としまＦ１チーム総監督
「総監督」という言葉には、俯瞰して全体をみていくというニュアンスを込めた。車のＦ１レースでは、ドライバー、メカ、ディレクターというようにメンバーがチームで動くが、としまＦ１会議も、いろんな人が動いた。

はかってなかった。

ひとつには、地道な取り組みを重ねても、その成果がなかなか目に見えにくいという側面があることも否めない。

区役所内部を例にとっても、女性管理職の比率は2割に満たず、区長トップの政策経営会議や未来戦略会議など、区の重要政策を決定する会議メンバーである部長職は、そのほとんどが男性で占められている。

また、女性職員自身の中にも、管理職を目指そうというモチベーションが、なかなか上がってこないのも現実である。

私自身、はなから管理職になる気など毛頭なかったのが、背中を押されてといううか、お尻を叩かれ、ようよう管理職試験を受けたクチなので偉そうなことを言えた義理ではないが、周りの有能な女性職員たちの多くが、キャリアアップに対して「ガラスの天井」を感じているさまを目の当たりにしてきた。

比較的女性が働きやすい役所社会にしてこの状況なのだから、「男女共同参画社会」といくら唱えても、その理想と現実の間には、深くて暗い川が流れているように思えた。

それが「消滅可能性都市」ショックのおかげで、川の流れに変化が見え始めた。

プロローグでも述べたとおり、後に持続発展都市対策に引き継がれた消滅可能性都市対策の４つの柱の第一として、「女性にやさしいまちづくり」が掲げられた。女性施策が、区の重点施策の中心＝センターに位置づけられたのである。

しかも、少子化対策に矮小化されることなく、

「働きながら、子育てしながら、住み続けられる、すべての女性が輝くまちづくり」

に向け、総合的、横断的な施策展開を図っていく方向性が検討当初から明確化された。

女性一人ひとりのライフスタイルを尊重する

この方向づけは、その後の施策展開に大きな影響をもたらした。

「女性にやさしいまちづくり」をテーマに、さまざまな施策展開を図っていこうという区の姿勢は、ともすると総花的という批判にさらされかねない側面もあるが、仮に少子化対策に特化してしまっていたとしたら、としま100人女子会のテーマ、「豊島区に住みたくなるには、何があったらいいと思いますか?」は、違った問いになっていたのではないか。そして、より限定的なニーズの掘り起しに終わってしまっていたのではないかとも思う。

「少子化対策」とか「出生率向上」という言葉が前面に出てくることは、女性の立場から言えば「産め、産め」と言われているようで、正直言って、気持ちのいいものではない。ましてや「婚活支援」など「大きなお世話」である。

女性に限らず、男性にとっても、結婚すること、子どもを持つことは、一人ひとりの人生の選択であるはずなのに、「出生率向上」という言葉は、なぜか女性にばかり向けられがちだ。

国や行政がすべきことは、男女含めて、そうした一人ひとりの人生の選択をサポートすることであって、選択を迫ることではない。選択する際の社会的、経済的なさまざまな障壁を取り除き、選択しやすい環境づくりを進めていくことこそが、大事だと思う。

それが、ともすると「出生率向上」へと論点が収束されがちなことに、多くの女性たちは辟易《へきえき》としているのである。

そこを間違えたら女性たちからそっぽを向かれる、間違ってもそっちの方向に行って欲しくない、そうした共通の思いを抱える女性管理職たちの声を受け止め、豊島区では総合的な女性施策の展開が打ち出された。

このことは、女性一人ひとりのライフスタイルを尊重する姿勢を区の内外に示すことにつながり、だからこそ、としま100人女子会、さらに、としまF1会議へと多様な意見、提案を引き出すことにつながったのではないかと思う。

そして、その方向づけのもとに、としまF1会議からの意見・提案を反映させる形で、待機児童対策はもとより、ワーク・ライフ・バランスの推進や女性のための就業・起業支援などのソフト事業から、空き家・空き室などの遊休不動産を活用したリノベーションまちづくり、子育て公園モデル事業などのハード事業まで、幅広い施策が展開されるにいたっている。

ひろがる女性目線のまちづくり

とりわけユニークなのが、女性目線に立ったパブリックトイレ構想である。としまF1会議の中でも、公園などの公衆トイレはとても使う気になれないといった意見が出されていたが、まさにトイレというより「公衆便所」という旧態依然としたイメージで、私だってご免こうむりたいようなトイレが多い。

こうした声を受け、2015年9月の月例記者会見で区長が打ち出したのが、この構想である。

その年の5月、豊島区役所は新庁舎に移転。それにともない、旧庁舎跡地と築60年を超えて老朽化が著しい公会堂跡地を定期借地で民間事業者に貸し出し、新たな文化・にぎわい拠点として再整備する民間誘導型の開発事業を進めている。

さらに隣接する区民センターと生活産業プラザについても、民間開発と一体的に区が改築する計画で、各施設および周辺も含めた旧庁舎跡地活用事業は、官民連携によるビックプロジェクトに位置づけられる。

その区民センター・生活産業プラザの2階、3階フロアをぶち抜き、女性のための大規模なパブリックトイレ空間を整備しようという構想である。

最初にこの大胆な構想を聞かされたときは正直ビックリしたが、劇場や行楽地など、どこへ行っても目にする女性トイレ待ち行列は、実にげんなりする現象で、そこで得られる愉しさに、大いに水を差されるものだ。

豊島区はこれまで、文化によるまちづくり、安全・安心まちづくりを進め、誰もが安心して歩き、楽しめるまちを目指してきた。

こうしたまちづくりの集大成として、さらには2020東京オリンピック・パラリンピックの開催を視野に、世界中の人々が訪れる「国際アート・カルチャー都市」をめざしている。

この都市構想を牽引する旧庁舎跡地活用プロジェクトは、8つの劇場を中心に新たな文化・にぎわい拠点の創出を図るものだが、その中に、女性のための大規模パブリックトイレの整備が組み込まれたことで、より複眼的なまちづくりが展開されつつある。

トイレは生活文化の基本であり、清潔で快適なパブリックトイレは、まちの安全・安心の重要なファクターである。そうしたベーシックな部分に女性の目線を活かすことは、他のまちづくり施策へも波及していくにちがいない。

かくして、としまF1会議以降、さまざまな施策分野に女性目線が取り入れられ、「女性にやさしいまちづくり」は、押しも押されぬセンターポジションを獲得している。

「消滅」から「持続発展」へ逆転発想

どこの自治体でも、計画的な政策展開を図っていくために、基本計画あるいは総合計画と呼ばれる長期的な計画を策定しており、豊島区においても、平成18年度～27年度までの10年計画である前基本計画の計画期間終了にともない、今年(2016年)3月、新たな10年計画となる「豊島区基本計画2016―2025」を策定した。

この基本計画の中でも、今後の地域経営の方針として、「消滅可能性都市から持続発展都市への戦略展開」が掲げられ、持続発展都市推進本部でのこれまでの議論を踏まえ、対策の4つの柱の第一に「女性にやさしいまちづくり」が位置づけられている。

また、新基本計画と同時に策定した、来るべき人口減少社会に向けて今後5年間に重点的に取り組んでいく施策をまとめた「豊島区まち・ひと・しごと創生総合戦略」においても、基本計画に連動した形で「消滅可能性都市から持続発展都市へ」をサブタイトルに掲げ、その基本目標の第一に「子どもと女性にやさしいまち」を位置づけている。

さらには、基本計画の実施計画にあたる「豊島区未来戦略推進プラン2016」でも、プランの目標として「豊島新時代に向けた都市づくり」を掲げる中で、「消滅可能性都市から持続発展都市」への対策の柱の第一に「女性にやさしいまちづくり」を位置づけている。

区の計画中の計画とも言える基本計画や、それに続く重要計画の中で、女性施策がセンターポジションに位置づけられるこうした動きは、当然ながら、予算配分にも反映される。

前述した平成27年度予算の新規拡充事業全270事業、約76億2000万円のうち、持続発展都市対策関係経費は147事業、約46億円。さらにそのうち、「女性にやさしいまちづくり」関連経費は50事業、約22億4000万円にのぼり、事業費ベースで新規拡充全事業経費の約3割、持続発展都市対策関係経費の約5割を占めていた。

そして2016年3月に区議会で議決された平成28年度予算においては、新規拡充事業全210事業、約65億8000万円のうち、持続発展都市対策関係経費は99事業、約55億5000万円。さらにそのうち、女性にやさしいまちづくり関連経費は38事業、約43億6000万円にのぼり、事業費ベースで、新規拡充全事業経費の約7割、持続発展都市対策関係経費の約8割を占めるにいたっている。

こうした位置づけの変化は、数年前には思いもよらないことであった。

因みに平成26年度予算では、14事業、約15億2000万円が計上された待機児童対策が重点分野に位置づけられているくらいが、女性施策としては目立ったところに過ぎなかったのだ。

まさに、消滅可能性都市ショック、そしてとしまF1会議提案が、区の施策展開を大きく変える流れを生み出したと言えるのではないだろうか。

そして、この流れをどうつないでいくか、これからが正念場である。

そしてタスキを引き継いでいく

総合的・横断的な女性施策の展開の先鞭を切ったのは、プロローグでキーパーソンとして登場いただいた尾本由美子健康推進課長を中心に立ち上げた「としま鬼子母神プロジェクト」であった。

子授け・子育ての神様として江戸時代から多くの信仰を集めてきた豊島区雑司が谷の鬼子母神に因んで命名されたこのプロジェクトは、健康推進課、子育て支援課、そして男女平等推進センターの3課が連携し、国の地域少子化対策強化交付金を得て、「出産前からの切れ目ない子育て支援」を掲げ、平成26年度中からさまざまな新規事業を展開している。

としまF1会議やそのキックオフイベント、としま100人女子会も、このプロジェクトの一環として、交付金を活用して実施したものである。

その他、パパ・ママのための「としま育児サポート手帳」、子育て応援サイト「としま見る知るモバイル」、女性のライフプラン形成のための健康相談事業「子育て応援フェスタ」、若者向け健康・子育て情報発信スペース「鬼子母神PLUS」など、事業メニューは多岐にわたる。

また、このプロジェクトは現在進行形であり、平成27年度には、都の補助金を得て、「ゆりかご・としま事業」が新たに立ち上げられている。

この事業は、健康推進課と子育て支援課が連携し、出産の前後に妊娠・出産や子育ての不安を解消するための面接を実施するもので、2度の面接を通じて継続的な支援につなげていくことを目的としている。

これら鬼子母神プロジェクトを構成する事業の中で、ここでどうしても記しておかなければならない事業がある。それは、26年度にプロジェクトを立ち上げた際のメニューのひとつである「妊孕力《にんよう》啓発セミナー」である。

「妊孕力」は医学用語で、平たく言えば「妊娠する力」。女性だけでなく、男性

としま鬼子母神プロジェクト
「としま育児サポート手帳」

も含め、子どもを産む能力を言い、年齢とともにその能力は低下していく。結婚に適齢期はないと思うが、妊娠・出産には生物学的に見て適齢期があるということである。

「妊孕力啓発セミナー」は、年齢・男女を問わず妊娠・出産に対する理解を広めていくことで、子どもを産み、育てやすい地域社会を形成していくことを目的としている。

地域全体の力としてとらえているところが、この事業のミソなのであるが、「妊孕力」という言葉の生々しさが思わぬ反発を招き、さまざま方面から「妊孕力」という言葉遣いそのものに、疑問符が投げかけられた。

私個人としては、産む、産まないはあくまで個人の自由だと思っており、自身が30歳を過ぎてから出産したので、甚だ説得力のない話なのだが、もし20歳のときにそうした妊娠に関する正しい知識を持っていたならば、出産というライフイベントについて、別の選択をしていたかもしれないとも思う。

私は運よく高齢出産を乗り越えることができたが、正しい知識を得る機会がなかったゆえに、不妊をはじめとする妊娠・出産リスクを背負っている女性が、少なからずいるのではないだろうか？

妊娠・出産に関する正しい知識を得ることは、自分のライフプランを選択する力につながる。「望まない妊娠」を避けるための知識とともに、いやそれ以上に、「望む妊娠」を選択するための知識が必要なのではないかと思う。

それは女性に限ってのことではなく、男性も、さらには彼らを取り巻く社会の中にも普及させていければ、マタハラなんて馬鹿げた所業の解消にもつながっていくかもしれない。

そうした意味で、尾本課長から「妊孕力啓発セミナー」のアイデアを聞いたときに、これは広報としてもプッシュしていくべき事業だと直感し、区長の月例記者会見の中でも前面に出してアピールしてもらった。

今思うと、そうした芽出しがかえって仇になってしまったようで申しわけない気もしているが、そのために事業本来の意義が損なわれることがあってはならない。息の長い地道な取り組みは続けられていく。

物静かで清楚な外見とは裏腹に、何かと刺激的な時間を共有させていただいた尾本課長だが、残念ながらこの3月、医療職としての人事交流で他区に転出された。

「子育て世代の区内定着率」ワーストの現実

その尾本課長からの置き土産というか、残された宿題がもうひとつある。

前述の「豊島区まち・ひと・しごと創生総合戦略」の策定にあたっては、基本目標ごとに、講ずべき施策の基本的方向と具体的な施策が盛り込まれ、基本的な方向性に係る「数値目標」と、具体的な施策ごとに客観的な「重要業績評価指標ＫＰＩ」※が設定された。

その基本目標の１番目に位置づけられた「子どもと女性にやさしいまち」の基本的方向は、「子育て・ファミリー層の定住化を目指し、出産前からの切れ目ない子育てを支援し、女性を応援していきます」と定められている。そして、その数値目標として掲げられたのが「子育て世代の区内定着率」である。

これは、３歳児検診対象者数を３年前の妊娠届出数で割った値をパーセントで表わした数値で、一定の出入りは想定されるが、妊娠後も引き続き区内に住み続けて子育てしている人のおおよその割合を計る目安とし、子育て世代の区内定着率とみなす指標である。

※KPI
Key Performance Indicator の略称：
達成すべき成果目標のこと。

数値目標として何を設定するかについては、なかなかいいアイデアが出ず、またぞろ出生数や出生率といった意見もなかったわけではないが、それでは少子化対策に矮小化しないとした当初の方向性に逆行してしまう。

それだけは何としても阻止しようと声をあげたのは、またも女性管理職たちだった。

そしてその渦中で、所管する保健所事業の中で得られる妊娠届数と3歳児検診の対象者数に着目し、区内定着率を計る豊島区独自の指標をひねり出したのが、尾本課長だった。

そもそも豊島区は、巨大ターミナル池袋駅を中心に、JR、私鉄、地下鉄、バス路線が区内全域を網の目のように走る交通利便性が極めて高い都市である。さらに、各駅を中心とする商業地域と後背の住宅地域が混在しているため、生活利便性も高い。

そうした利便性の高さが、転入超による区の人口増の大きな要因になっているのだが、とりわけ単独世帯の増加が著しく、2010年の国勢調査では全体の約6割を単独世帯が占めているのに対し、ファミリー世帯は2割強にとどまっている。

年齢別の人口構成比においても、15〜24歳人口は近年増えてきてはいるものの、2016年1月1日現在の人口構成比では全体の8・5%と最も低く、25〜39歳の人口構成比も2007年以降減少傾向が続いている。

若い世代の転入が、そのまま定着にいたっていない現状が人口データからも見て取れるが、ワンルームマンションなど単身世帯向けの住宅ストックに比べ、ファミリー向けの良質で、手頃な住宅が圧倒的に不足していることが、その背景にあると考えられる。

さらには、単身者には住みやすいまちである一方、結婚し、子どもが生まれたとなると、住宅賃料や購入費の高さや、日本一の高密都市ならではの環境などが定住を阻む要因になっていることが想定される。

そうした傾向について、区もうすうす気づいてはいたが、その実態を把握する具体的なバックデータは持ち合わせていなかった。そして、「子育て世代の区内定着率」が、まさにその実態をあぶり出すことになったのである。

試みに、総合戦略の策定作業が進行中の昨年（2015年）末時点で、23区各区の数値が出揃っていた平成25年度の3歳児検診対象者数をもとに計算したところ、豊島区の「子育て世代の区内定着率」は72・6％で、中野区（70・4％）、渋谷区（71・7％）に次いでワースト3だった。23区平均が84・9％なので、10ポイント以上下回っていることになる。

さらに問題なのは、その時点では23区のデータは揃っていなかったが、平成26年度について区単独で数値を出してみたところ、なんと69％と前年から3ポイント以上下がっており、もしかしたら最下位転落？　という不安が頭をもたげてきた。

そして、2016年2月、各区のデータが出揃って計算した結果、不安は現実のものとなった。この数字には正直ショックを受けた。

消滅可能性都市との指摘を受けて以降、女性施策を前面に打ち立て、さまざまな取り組みを始めたのがまさに2014年なので、区の施策展開の効果が表れるのにはまだ数年かかるとは思われるが、それでもワーストとは……、取り組みを進める足元が揺らぐような感覚に襲われた。

「危機意識」をバネに事業提案

総合戦略の検討メンバーとして関わっていた4人の女性管理職が危機感を共有し、どうにかしなければと話し合いの場をもった。特に尾本課長は、この数字を指標として出すならば、新たな女性施策の展開とセットでなければならないと、数字だけが独り歩きすることに懸念を抱いていた。

それで、来年度予算の編成作業が大詰めを迎える中で（まるで昨年のデジャブ状況）、企画課サイドにかけあったのだが、反応は極めて鈍く、すでに出揃っている施策で十分ではないかと言われ、それがまた私たちの危機感を煽るかたちになった。

どうにか提案だけはしてもよいという約束を取りつけ、急拵《きゅうごしら》えの感は否めないが、尾本課長を中心に、4人で新規事業提案をまとめ、企画課に提出した。

提案内容は、としまF１会議セカンドステージとして改めて参加メンバーを巻き込み、そのニーズを反映させながら、効果的な女性支援策につなげていく官民連携のネットワーク会議を立ち上げることと、女性施策を「見える化」するために、女性施策に特化したアピール冊子を発行することの2本立てで、事業費としては300万円。今後につなげていく「種まき」的な事業提案を出すのがやっとだった。

提出はしたものの、先の反応からして提案が採択される見通しは何もなく、せめてこの提案を4人だけではなく、女性管理職全員のものにできないかと他の女性課長たちに働きかけてみた。しかし、誰もが所管事業に追われ忙しく、説明する場を持つこともなかなかままならない状況の中、短期間で全員の総意とすることはできなかった。

ただ、このままでは引き下がれないという思いが募り、やれることだけはやろうと、4人で副区長に直訴におよんだのが年の瀬も迫った12月22日のことだった。そして、この話し合いの場が事態の打開につながった。

実は、私たちが動いていたのとは別のところで、来年度に向けて女性施策をさらに進展させていくために、区長自らの発案により、民間公募の「女性にやさしいまちづくり担当課長」ポストを新設する話が進められていたのだ。

この新課長のミッションと私たちの提案がリンクするということで、提案事業の採択がその場で副区長に承認された。意外な展開に驚きつつも、これで何とか形にすることができそうだと、少しばかり胸のつかえがとれたような気がした。

そしてその2日後の12月24日、私たち4人は区長のもとに呼ばれ、提案事業について説明する機会を得るとともに、区長から直接、新課長ポストを設置する趣旨を聞かされた。

正直に言うと、区長も含め、「子育て世代の区内定着率」ワーストという状況に対する危機感は、庁内で共有されていないように感じていた。

「まち・ひと・しごと創生総合戦略」では、平成26年度の現状値69%を5年後の31年度に75%に高めるという数値目標が設定されたが、75%という数字の意味や、どうやってそれを実現していくかは、不明確のように思えた。

もちろん、この目標を達成するために講ずべき具体的な施策として、以下の各施策が盛り込まれてはいる。

①仕事と家庭の両立ができる生活環境の整備（ワーク・ライフ・バランスの推進、女性起業家の支援、若者や女性に対する就労支援）。

②妊娠・出産・子育ての切れ目ない支援（としま鬼子母神プロジェクトの推進、待

機児童の解消、子どもスキップの運営、リノベーションによるまちづくり）。

③学ばせたい通わせたいとしまの教育を推進（新しい時代を拓く教育の推進、安全・安心な学校づくり）。

④女性の目線にたった施設整備（トイレから広がる女性にやさしいまちづくり、子育て世代が利用しやすい公園の整備）。

いずれも子育て世代の定着率を高めるために必要な施策である。しかしそれらの施策を横串で貫き、区民にアピールしていくしかけに欠けるように思えた。いくら良い施策を打ち出しても、それが区民に伝わっていかなければ区への信頼、ひいては定住意識の醸成にはつながっていかない。

そのことは、としまF１会議の場でも繰り返し言われていたことであり、そのたびに、広報課長として身の縮む思いをしてきたので、そうしたしかけの必要性を強く感じていた。そんなこともあり、提案事業の中に、女性施策に特化した広報ツールの制作を盛り込んだのである。

その点については、区長も同じ考えだった。

新課長ポストのミッションは、横断的な施策展開と発信力の強化だという。そのために、民間でマーケティングやブランディングのノウハウを培ってきた人材を登用し、「女性にやさしいまち」を豊島区のブランドとして定着させたいとの趣旨である。

「君たちの提案は、私の考えと方向性は同じだね？」

との区長の問いかけに、４人とも大きく頷いた。

こうして、私たちが提案した事業は、「女性にやさしいまちづくり推進事業」として、「女性にやさしいまちづくり担当課長」とセットで、平成28年度予算の重点目玉事業のひとつになったのである。提案事業について４人で話し合いを進める中で、あるとき、尾本課長が言った言葉が忘れられない。

「昨年は、としまＦ１会議のみなさんが提案してくれました。今年は、私たち女性管理職が提案しましょう」

尾本課長の言葉通り、としまＦ１会議から受け取ったタスキをうまくつなぐことはできたろうか。

その答えは、まだ見えない。

そして、この原稿を書いている今現在、新年度（平成28年度）を迎えた4月である。消滅可能性都市の指摘を受けてから、早2年めの春だ。

思えば実にいろんなことがあった2年間だった。その中を、本当にF1レースのごとく駆け抜けてきた気がする。

そして、としまF1会議でつながった縁で、新しい動きも生まれ始めている。

この本もその一つである。


拙文の締めくくりに、うれしいニュースをひとつ。

今年もまた、95名の新規採用職員が豊島区に入区した。

豊島区を含む東京23区は、特別区人事委員会が一括して採用試験を行い、合格者は、受験の際に提出した第3希望までの志望区の中から配属先となる区に推薦され、改めて各区で面接試験などを受けたのち採用となるシステムを取っている。

うれしいことに、今年度の新規採用職員全員が豊島区を第1希望に掲げていたと聞く。さらに、95名の新規採用職員のうち54名が女性職員で、その中には、としまF―会議など、豊島区の女性施策の取り組みに興味を抱き、志望動機に掲げた職員も複数いるという。

次にタスキを引き継いでいく人材が集まってきている。

それもまた、としまF―会議がもたらした効果のひとつと言えるのではないだろうか。

エピローグ

消滅可能性都市では終わらせない

としまF1会議 座長
萩原 なつ子（立教大学教授）

「消滅可能性都市」は豊島区だけの問題ではない

豊島区長にとって「消滅可能性都市」に名指しされたことは、相当な衝撃だったのではないか？　何をどう感じ、どうしようと思ったのか――その本音を聞きたくなった。そこにあったのは、区長の反骨精神だった。持ち前のポジティブ思考で「奈落の底」から這い上がり、次々と新たな策を打っていく姿は、そばでみていて見事だった。そして、その後ろ姿は、豊島区の職員、豊島区在住の女性たちなど、みんなを本気にさせたのだった。

高野氏（以下、高野）「消滅可能性都市」と呼ばれたことに、うろたえたというか、ショックでした。人生であんなにショックを受けたことははじめてなんじゃないかな。

区長になって苦節15年、ようやく豊島区が東京の中で若い人にも人気がある地域となってきたし、考えてきたことがうまく軌道に乗り、結果が出始めていたので絶好調だと思っていた。

それが「消滅可能性都市」と呼ばれ、奈落の底に落とされたようで、うろたえました。正直、立ち上がれなかった。「消滅」というのが頭にきて、「可能性」という言葉は、いつの間にかどこかに飛んでしまった。それに追い打ちをかけるように、ほうぼうから電話も、じゃんじゃんかかってくる。「豊島区はなくなるんですか」と、親しい人からも言われる。それがショックでね、なんでなんだと。一所懸命、人気のまちをつくりあげてきたと自負していたから、気持ちがやられましたよ、見事にね。

区長は「消滅都市」という言葉だけに、とらわれてしまいそうになった。だが、持ち前のポジティブ思考で、「奈落の底」から這いあがるために、すぐさま気持ちを切り替える。

高野　でもね。おかげで、さらに本気になれましたよ。消滅可能性都市と呼ばれるのであれば、それにどう対応すればよいのか、徹底的に対策をとることにしました。まず、日本創成会議のデータを調べた。本当に消滅可能性なのか。消滅可能性都市に指名された全国自治体の半分である869の中に唯一、この大都市である、日本一人口密度が高い豊島区が、なぜ、入っているのか。たしかに、自然減の中で流入人口に頼っているので、地方が消滅するなら、うちも消滅することになるだろうと。

　でも、悲観しているだけではなくて、みんなとこれからどうしていくのか。日本全体の問題として真剣に取り組まなければならないと、日本創成会議が提言したというとらえ方で気を取り直してね。どうしたらいいかを考えるようにしたんです。

こうして「消滅可能性都市」への対策として、「女性にやさしいまちづくり」「地方との共生」「日本の推進力」の三つの柱を掲げたわけだが、注目すべきは、日本創成会議の提言を日本全体の問題としてとらえ、その中で豊島区がどのような役割を果たしていくべきか、「日本に必要な自治体になっていかなければならない」と、外向きの視点にたっていたことである。

高野　東京23区の中で唯一、消滅可能性都市と言われた豊島区の役割として、存在感はしっかり示していかなければならない。豊島区だけが被害者ではなくて、世の推進力になるために、みんなで真剣な討議をすることが大事だと思っている。地方とも連携をとって共生していかなければならないんです。

地方の消滅可能性の問題は、都市への一極集中の問題と関わっていますからね。私は一極集中を決していいとは思っていない。今はなんでも東京、東京でしょ。たとえば、親は「大学は東京に行きなさい」と言って、子どもに勉強をさせて東京にある大学に入れる。子どもは4年間、アルバイトしながらでも勉強し、東京で就職する。そこで出会って結婚したら、東京に住むことになる。

子どもが産まれたら近郊に住んで、勤めも東京ということになるでしょ？どうしても首都圏になる。こうしてすべての機能を東京一極集中にさせていいのかと思うわけです。豊島区は13平方キロメートルの中で28万人が住んでいる。20年前は24万人だった。

ここ数年は、毎年５０００人ずつ人が増え続けている。これ以上、東京がぎゅうぎゅう詰めになっていいのか。いろんなことを考えると、地方との共生は必要なことだと思っています。

「消滅可能性都市」は豊島区だけの問題ではない。だからこそ、豊島区が「消滅可能性都市」から「持続発展都市」への挑戦を発信し続けることの重要性を強調する。

そして、対策の第一の柱は、「女性にやさしい、住みたくなる、また行きたくなるまちにする」ことである。実は区長は、日本創成会議が出した２０４０年には20代、30代の女性の人口が半減するというデータを見るまで、「若い女性にこのまちにきてもらう」ことについては、楽観視していた。

高野　若い人、特に女性が安心して暮らせるまちにするために、徹底的に治安対策はしてきているんです。豊島区では警備隊、治安部隊までつくっている。職員も月に1～2回は、区内のパトロールに出るというようにね。そういう形の中で安全・安心なまちをつくって女性が訪れたい、住みたいまちにしたいと考えているんです。

ただ、住み続けてもらうとなると、なかなかむずかしくて、結婚すると豊島区を離れていってしまう。独身のうちは部屋が多少、狭くてもいいが、結婚して子どもが生まれると広い部屋に住みたくなる。でも、池袋は家賃が高い。公園など子育ての環境も十分でなかったりするわけです。そうしたことが原因かなぁと、わりと、のほほんとしていたんです。

ところが「消滅可能性都市」を受けて、若い女性が半減するという、推計ではあるけれど、具体的な数字をつきつけられて、これは大変だということで、その対策をとることにしました。

としまＦ１会議――「６つのこだわり」

こうして「女性が暮らしやすいまちづくり」を推進することは、必然的に豊島区にとって重要な政策の柱となった。Ｆ１世代（20代、30代）女性の意見やニーズをまちづくりに採り入れるために、としまＦ１会議が設置されることとなったのである。

ここで一つ強調しておきたい。それは、としまＦ１会議の生みの親である豊島区役所の数少ない女性の管理職たちの存在だ。

彼女たちの危機意識と結束力が、「女性にやさしいまちづくり」のきっかけをつくったことは間違いない。プロローグに記されているように、私はふたりの女性管理職、矢作広報課長、小椋男女平等推進センター所長の気迫に圧倒されて、座長を務めることになった。

私は、としまＦ１会議が、実行可能な企画を提案する会議体となるために、会議全体をどのように組織・運営するのかというプロセスデザインにこだわった。

座長を引き受けるからには、従来の審議会形式の会議にはしたくないと考えた。「6つのこだわり」を矢作広報課長と小椋男女平等推進センター所長に示した。

1. としまF1会議のメンバーは、当事者意識を持って積極的に取り組んでくれる女性を募ること。
2. 会議で議論するテーマは、としまF1会議のメンバーが決定すること。
3. 行政側が作成した素案をもとに2時間程度、数回会議で議論し、素案を修正し、報告書にまとめるというようなやり方をしないこと。
4. 調査・研究に基づいた、裏づけのある提案をすること。
5. 行政職員も、としまF1会議のメンバーとして議論に加わること。
6. 意見を聞きおくという形式的なものではなく、としまF1会議の提案を次年度の豊島区の事業予算に反映させ、次年度から具体的な施策として事業化できるようにすること。そのためには、秋の予算編成の時期に提案を間に合わせること。

2年間という短い期間ではあるが、私自身の宮城県環境生活部次長としての行※政経験が、このプロセスデザインに生かされた（2001年4月〜2003年3月）。

ここで「6つのこだわり」について少し説明しておこう。

としまF1会議のメンバーに関して、すでに豊島区側では数名の方に委員の依頼をされていた。そこで私は豊島区で選定したメンバーに加えて、自らの意思で当事者意識を持って取り組んでくれる女性委員を募りたいという考えを伝えた。

つまり、

「豊島区を自分たちで変えていこう」

と、心から願ってくれる女性たちだ。

具体的には、豊島区に在住、在勤、在学しているF1世代を集めてとしまF1会議のキックオフイベントを開催することを提案したのである。

キックオフイベントを開催するには当然のことながら、予算が必要となる。そこで矢作広報課長と小椋男女平等推進センター所長には、

※行政経験
当時の宮城県知事、浅野史郎氏の要請で2年間という期限付きで着任。

「区長にかけあって、予算をとってきてね」

と、ちょっと無理なお願いをした。すると、まさにF－レースのようなスピードで、

「予算確保しました！」

と、連絡がきた。区長は二つ返事だったらしい。

「さすが、高野区長！」

と、私は思わず指を鳴らした。

区長が立教大学出身ということもあり、以前からゆるやかだが、つながりはあった。区長ならきっと理解してくれるに違いないという確信があったので「予算獲得」のことを口にできたのである。もちろん、そのアクセルを踏ませたのは、「消滅可能性都市」の危機感からだ。

そのときのことを区長は、次のように振り返る。

高野　いやぁ、焦ったですよ、本当にね。消滅可能性都市で沈没してしまったら、浮かばれないと思うから、ピンチをチャンスにどうやって反転させていくのか。

でも、萩原先生からサジェスチョンをいただいて、としま100人女子会からとしまF1会議へと参加をつなげていくことで、F1世代の当事者の生の声を反映した提案を引き出せる。12月いっぱいまでに提案を出してもらえれば、次年度の事業予算に組み込むことができる。区にとってこれまでにない形での道筋が見えてきました。

区が設置した、としまF1会議開催に先駆けて女性の意見を聞く場として、としま100人女子会を実施するということは、豊島区としても極めて異例だったのである。

メンバーが調査・研究をした価値

これまでも「女性のためのまちづくり」を標榜することはあったにしても、F1世代の女性たちが自由に意見を述べられる場はなかったに等しい。としま100人女子会の参加者からも、

「こうした機会や場が欲しかった」

という意見が寄せられた。最終的に、としま100人女子会からは、19名がとしまF1会議のメンバーとなり、すでに決まっていたメンバーと行政職員とを合わせて、総勢32名で会議はスタートしたのである。

テーマも、としま100人女子会で集まった643件もの意見も踏まえて、子育て、まちづくり、ワーク・ライフ・バランス、広報、ブランディングの分野別テーマを決定し、チームに分かれて具体的な施策の企画案の検討を重ねた（第1章参照）。

としまF1会議は、8月から11月まで、月に1度のペースで実施された。その際、各チームが「調査・研究」をもとにした企画案の進捗状況の報告を行い、他のチームとの意見交換をしながら、具体的で精度の高い企画案を練り上げていった。

メンバーによる「調査・研究」は、としまF1会議の重要な活動のひとつである。区の予算を獲得できるような提案を出すには、単なる思いつきではいけない。裏づけのあるものにする必要があった。

具体的な提案に結びつけるため、それぞれのテーマに関する調査・研究を行い、現状と課題の分析を行うことをお願いした。たとえば豊島区の施策の現状や課題を把握するために、テーマに関わる区役所の関係部署へのヒアリングも促した。

その理由は、これまでにない施策を提案するためには、現在、豊島区ではどのような施策を実施しているのかを把握する必要があったからだ。メンバーは、調査・研究を行うために時間のやりくりをして、区役所や先進事例の視察に出かける。あるいは、みんなで集まって報告の準備をしたりと、結果としてメンバーには、かなりの負担となってしまった（第3章を参照）。

しかし、調査を通して豊島区の現状を把握したり、行政職員へのヒアリングをすることは、

「豊島区って結構、いろいろな事業をすでに展開しているんだ」

という発見につながった。

区役所の職員にとっては、区民と直接意見交換し、ニーズを直接聞く良い機会になったと思う。区役所と、としまＦ１会議の委員の関わりという点でいうと、区役所の若手職員2名が委員として、そしてアドバイザーとして6名の管理職職員が会議に加わってもらえたことも「こだわり」のひとつであった。

メンバーが解決すべき課題を明確に把握し、豊島区に本当に必要なものを提案していくためには、区の職員とメンバーのコミュニケーションは不可欠である。メンバーがいい意味で緊張感を持って区の職員と本気になって議論し、意見交換を重ねたことが、より実現性の高い提案につながったことは確かだ。

市民協働のまちづくり

行政は地域住民にサービスを提供し、地域住民はサービスの受け手であるという一方的な関係ではなく、共にまちづくりをする主体として協力し合う関係であることをお互いが実感することができたのではないだろうか。

会議のプロセスの各段階で、チームから出されたアイデアを現在進行中の施策に取り入れられたりした。それは思いもよらない予期せずのうれしい効果であり、メンバーの励みにもなったと思う。

加えて、区役所内部の体系の見直しのきっかけにもなったことも、としまFー会議の効果としてあげておきたい。「縦割り行政」はしばしば批判の的となり、市民連携・協働が重要だとしていながら、いちばん連携できていないのは行政内部であることを私自身の行政経験からも知っている。

たとえば、子育て中の女性の視点を取り入れることで、彼女らが直面している子育てに関わるあらゆる問題の解決には、子育て支援をする担当課だけでなく、公園整備をする課や保健所など、行政内部の「横のつながり」が必須であることを実感できたのではないか。

としまF1会議からの提案に対して、区役所内部でどのような連携が必要かを考えざるを得ない状況になったことが、創造的な政策決定を導くことになった。

女性の視点を新しい手法で政策形成に取り入れる画期的な取り組みとして、としまF1会議が区政に与えたインパクトは大変大きかった。このような分野横断的な施策に関するヒアリングの日程や調査内容に応じた関連部署への連絡などの調整は、男女平等推進センターがコーディネーターの役割を担ってくれたからこそ、実現できた。

この点について、小椋男女平等センター所長は、

「豊島区役所内での他の部署との連携の他にも、委員の方から市役所や医療機関

などとの連絡係となって欲しいという依頼があり、そうしたことも担当しました。実は、男女平等推進センター・エポック10は、それまで他の部署と連携した経験があまりありませんでした。しかし、委員の方が本当に熱意をもって取り組んでいたので、少しでもそのサポートができればという思いで私たちも取り組んでいました。

としまF１会議は、月に一度の会議でしたが、委員の方々には会議とは別に、調査研究や議論に多大な時間を割いてもらいました」

と語っている。

「次年度の新規事業を実現」するこだわり

私が最もこだわったのは、としまF１会議の提案の次年度新規事業化を実現することだった。関わった人たちの貴重な時間を使い、調査・研究をもとに提案を行ってもそれがまったく予算に反映されず、事業化もされなければ、せっかく設置した、としまF1会議の意味がなくなってしまう。なによりも委員のモチベーションを維持することはできない。

そこで「予算を獲得し、事業化すること」を目標に、月に一度の会議では必ず各チームにプレゼンテーションを実施。具体的な企画提案に結びつけるような会議のマネジメントを心がけた。

提案を次年度の予算に反映させていくためには、なんとしても秋の予算編成の時期に提案を間に合せることが重要だった。宮城県庁時代の経験から決してタイミングを逸してはならない、という思いが非常に強くあった。

第1回の会議が8月ということもあり、非常に厳しい状況にあったことはわかっていたが、結局、最終プレゼンテーションは12月初旬となり、予算編成の時期に間に合わせるにはギリギリとなってしまった（第2章を参照）。

分厚い『報告書』を活かす

予算化、事業化の鍵を握る区長には会うたびに、

「必ず予算をつけて事業化してくださいね。こちらも頑張りますから」

と念押ししていた。

最終的に提出した分厚いとしまF1会議の『報告書』は区長にかなりのプレッシャーを与えたようだった。

高野　これだけの報告書が上がってくるのは、すごいなぁと思った。ふつうなら立派な報告書、提案書をもらっても行政はそれで、やれやれで終わりでしょ？

でも、そうはなりたくなかった。

そこからね、この分厚い「報告書」をどう活かしていくかが行政の手腕だと考えました。

萩原先生は、行政のことをよく知っているからね。次の平成27年度の予算に反映できる12月いっぱいまでに提案するということで。その中で活かせるものは活かそうと考えた。

提案がされたのは新庁舎ができる前で、提案を受けて会議室を一つつぶして、子育てナビゲーターを配置する子育てインフォメーション（子育て情報、相談、窓口等案内）をつくろうと決断しました。

あれなんかね、七転八倒で大変でしたよ。でも、できるだけ子育て支援の窓口の近くにつくることにした。新庁舎に子育てナビゲーターをと提案されているんだから、そりゃ、一番いい場所につくろうと思ったんです。

実現できる可能性のあるものは、どんどん実現することにしました。早くやらなければという思いが強かったんです。どこに行っても、「あの、消滅可能性都市ですか」と言われるのが辛かったんでね。

すでに完成していた会議室をつぶして、提案された子育てナビゲーターを配置することにした区長の英断が、としまF1会議のメンバーに与えた影響はとても大きかった。としまF1会議メンバーは「区長は本気だ！」と実感したはずだ。

自分たちの提案が、現実に見える形として現れる。そこにはこの提案は、必ず活かされるという確信めいたものがあった。

高野　本当に各グループが、熱心に取り組んでくれましたよ。うれしかったのは「私たちが豊島区を消滅可能性都市にしません」と宣言してくれたことでした。あの宣言はうれしかった。

6つのチームそれぞれから違う角度で提言してもらってね。もし、としまF1会議の提言がなかったら区民センターの2階、3階にきれいなパパ・ママスポットやパウダールームのあるトイレをつくる発想は生まれてこなかった。

実は、私の中には全然なかった発想ですから。だからこそ、提案されたものを実行していこうと決めた。

いろいろな面でとしまF1会議効果が現れてきている。としまF1会議のメンバーからは、2人が区議会議員になりました。

そうだなぁ。としまF1会議をうちの特許にしたいなぁ。商標登録をして（笑）。今後も第2期、第3期と、としまF1会議を継続していって、いろんな提言をもらいたい。ここが一つの行政との接点になるようにするために、続けないともったいない！

女性に限らず20代、30代の若い人たちの意見を取り入れ、新しいパワーにしていくことは、豊島区にとって大きな財産となるだろう。

庁議は黒一色というのが行政の実態

区長は、としま100人女子会に集まったたくさんの女性を前にしたときの印象を次のように語る。

高野　圧巻というか、本当にドキドキして緊張しました。みんな真剣な顔をして見つめられるとね。ほかの会では緊張しないんだけど、けっこう萎縮もしましたよ。マスコミも注目し、ずっと追いかけてくれた。やはりこれは日本全体の問題なんだなぁ、と感じました。

としまF1会議が区に新たな風を吹き込むのと連携するかのように、区役所の内部でも女性課長たちが声をあげはじめた。こうした変化について、消滅可能性都市緊急対策本部のメンバーでもあった矢作広報課長は、次のように振り返る。

「消滅可能性都市と呼ばれたショックで対策本部が立ち上がり、すごいスピードでやってきたので、庁内の意思決定も対策本部主導でどんどん進んでいった。実は逆転しているんです。

つまり、庁議で決めて本部をつくるのではなくて、対策本部で決めたことが、庁議で後追いされるというように順番が入れ替わった。対策本部は、実働部隊の課長が中心に動いていて、私たちみたいな女性課長も意見が言えるんです。でも、庁議メンバーは部長職で、そのほとんどが男性、黒一色ですから」

確かに12月のプレゼンテーションの場で、提案を聞く側の席にいた区の管理職のほとんどが男性であった。99％女性だったプレゼンテーションする側のメンバーとのコントラストが、現在の日本の「男女共同参画」の状況を表している。

この点について、区長は次のように語っている。

高野　庁議は黒一色なんだよね。女性の管理職登用をしていたと思っていたんだが、それはうわべだけだったんだとわかりました。

やはりうちの中でも、女性の管理職は少ない。職員比重は女性の方が多いのだけれど、管理職はまだまだ。

振り返ってみると、政策の中にもそういう女性の視点を活かした政策が少なかったのではないか、という反省が大きいだけに、としまF1会議を開き、その提言をいろいろと検討できたことは、大変、良かった。

実は、その黒一色というのをなんとかしたいという強い思いがある。

「女性にやさしいまちづくり」は豊島区の政策のナンバーワンになっているけれど、なぜその内容がともなわないだろうというのがある。

そこで「女性にやさしいまちづくり担当課長」を一般公募で選ぼうと考えています。せっかくとしまF1会議からスタートした「女性にやさしいまちづくり」ですから、ほかの自治体にないことに取り組みたい。区役所自らが女性の活躍の場を広げていく、そういう形を示していけたらと思います。

I類、大学卒45名の採用の「5分の3」が女性

２０１６年１月８日、「女性にやさしいまちづくり担当課長」の公募を開始。一般公募で選ばれた女性の担当課長が３年の任期で４月より着任した。新しい風は「女性にやさしいまちづくり担当課長」だけではない。

高野　４月に新しい職員が入りますが、Ⅰ類と呼ばれる大学卒の人たち45名採用のうち、３分の２が女性です。それも、とても優秀なんだよね。

豊島区が「女性にやさしいまちづくり」をしていることを志望動機にあげてくれた人もいて、まさに、としまＦ１会議効果。特別区の採用試験を受けて合格すると、23区で本人の希望した1～3位のいずれかに採用されることになるそうなんだが、なんと全員が豊島区を第一希望。選に漏れた人は、空きがないかといっていると言う話も聞いた。

としまＦ１会議の効果で、女性の新しい職員も豊島区に入庁している。なんて

すばらしいことだろう。ぜひとも次期、としまF１会議の担当にしてもらいたい。
消滅可能性都市に指定されたことは、「女性にやさしいまちづくり」ってなんなんだと、本気で考えるいい機会になった。政策も実践も、ものすごいスピードで動いている。この動きをとめてはもったいない。
豊島区が「持続発展都市」になるために、スピードはもう少しダウンしてもいいが、持続してやっていくことが求められる。

区長は、これまでの区政のあり方を棚卸し、これからの区政のあり方の地図を描く。今では消滅可能性都市と呼ばれたことをバネにして、前進する。

高野　最初は豊島区を「消滅可能性都市」に挙げたという点で、にっくき増田さん（日本創成会議　座長）でしたが、そのおかげで、さまざまな取り組みに今まで以上に真剣になれたのは良かった。
豊島区は生まれ変わりましたよ。女性たちが働きたいナンバーワンに豊島区を選んでくれるのですから。これからはね、私はどこでもいいというのではなくて、豊島区に行きたいという人たちばかりが入ってくる。そんなまちにしたい。

どん底から這い上がったのだから、そこを乗り越えていき、ぜひとも全国でナンバーワンの自治体にしたい。「右にならえ」ではない新しい発想が、いろんな人に生まれてきました。

そして、この動きを止めないでやりたい。まさに「消滅可能性都市」は「天からの贈り物」です。心ではこんちくしょうと思いながらでしたけどね。

この前、5つの都市のディスカッションがあったときにもこの話題が上ったが、いまだに注目されているからこそ、誰が見てもわかる形で示さないといけないし、この活動をさらに進めていかなければならない。立ち止まったら元に戻ってしまうと思いました。

ほかのところから頭一つでも抜き出る必要がある。たえずそこを突破するのは大変だけど、としまF1会議の第2弾を考えて、もっとどうしたらいいかを考えていきたい。

としまF1会議のおかげで、豊島区政の舵取りが大きく変わった。ものすごく力強く、としまF1会議が心に響いています。としまF1会議に関わってくれた人たちみんなに感謝しています。

「私」が変わると「としま」も変わる

消滅可能性都市に指定されたことを発端として、このように豊島区に関わりのある若い女性たちの提案が、区の予算に直接反映されたのは、「区政史上始めて」と高野区長が発言しているが，全国的にも画期的なことである。

目に見える成果はもちろんだが、それ以上の成果としてあげておきたいことは、12月のプレゼンテーションまでのプロセスで、としまFI会議に関わった人々の意識が変わり、多くの学びを獲得したことだ。

会議のはじまる1時間以上も前から集まって報告の準備をし、会議が終わった後も残ってディスカッションを続けていたメンバーたち。

「私たちの力で豊島区をもっとよくしたい」という熱い思いと、強い意気込みが高まっていくのを感じた。

としまFI会議のメンバーで、当時、立教大学大学院の学生だったあった菅森朝子さんは、次のように振り返る。

「私は豊島区在住ではありませんが、学部も立教大学でしたので、計6年間、立教大学に通っていました。しかし、それまで池袋をはじめ、豊島区について考えたことはほとんどなく、当初は取り組みの内容などをよく把握していない状態でした。

としまF1会議に参加したことで、豊島区について地域と自分の関係、地域と自分の生活の関係を考える機会を得ました。

私はワーク・ライフ・バランスについて考えるチームに所属していましたが、その中には結婚していたり、子育てをしていたりするメンバーもいました。そうしたメンバーのニーズに触れたことで課題を感じ、問題意識を持って取り組みました。

また、普段の生活では関わらない人たちの意見に刺激を受けただけでなく、さまざまことに気づかされました。

計6回の会議以外にも、月に一度はメンバーと会っていましたし、Facebookでつくったコミュニティでも議論もしました。
働きながらの修士論文の執筆と並行して会議に参加していたので、大変に感じることも多々ありましたが、その分、精度の高い提案ができたのではないかと思っています。そうしたことが、今後どのように活かされていくのか期待していま す」

若い女性と言っても多様な人がいて、多様な考え方、多様な視点がある。私も含めて、としまＦ１会議に関わった人たちは、改めてこのことも実感したはずだ。

そして女性の視点とは、女性のニーズのみを反映するための視点ではなく、子育て、子どもの貧困、介護問題、安全安心なまちづくりなど、まさに「生活者のニーズ」そのものであることにも気づいた。

「女性にやさしいまちづくり」は、「誰にとってもやさしいまちづくり」につながっていく。豊島区は多様な人と文化が共生するまちでもある。

としまＦ１会議が多様な世代、多様な人々が一緒に地域づくりに取り組む足がかりとなることを願う。

としまＦ１会議は、豊島区が「消滅可能性都市」から「持続発展都市」へと変身するためのスタートにすぎない。「お楽しみ」は、まさにこれからである。

私たちが、平成26年度としまＦ1会議委員です。

萩原 なつ子	（立教大学教授・座長）
鞠子 みちる	（WLBフォーラム交流会参加者）
渡邉 香里	（WLBフォーラム交流会参加者）
清水 綾乃	（豊島区WLB推進認定企業）
佐々木 久美	（豊島区WLB推進認定企業）
四元 千佐子	（豊島区WLB推進認定企業）
神立 行子	（東部子ども家庭支援センター利用者）
藤井 明	（豊島区第６地区青少年育成委員）
としまファザーズネットワーク（鮫島 一彦）	（子育てグループ）・（男性）
新谷 百合子	（豊島区内大学在学生）
菅森 朝子	（豊島区内大学在学生）
有里 真穂	（としま100人女子会参加者）
追杉 まゆ子	（としま100人女子会参加者）
大西 直子	（としま100人女子会参加者）
小幡 有希子	（としま100人女子会参加者）
加藤 直美	（としま100人女子会参加者）
木内 歩	（としま100人女子会参加者）
木下 富美子	（としま100人女子会参加者）
栗林 知絵子	（としま100人女子会参加者）
杉森 美和子	（としま100人女子会参加者）

高田 宜子	(としま100人女子会参加者)
田中 あゆみ	(としま100人女子会参加者)
藤澤 愛子	(としま100人女子会参加者)
本間 瑞穂	(としま100人女子会参加者)
松田 絵里加	(としま100人女子会参加者)
見世 梨沙	(としま100人女子会参加者)
宮谷 美智子	(としま100人女子会参加者)
森 直美	(としま100人女子会参加者)
山田 亜紀子	(としま100人女子会参加者)
吉原 美智子	(としま100人女子会参加者)
関森 文子	区職員(生活産業課)
横田 祥子	区職員(広報課)

私たちは、アドバイザー委員です。

佐藤 和彦	(企画課長)
矢作 豊子	(広報課長)
小椋 瑞穂	(男女平等推進センター所長)
尾本 由美子	(健康推進課長)
松崎 恵	(長崎健康相談所長)
猪飼 敏夫	(子育て支援課長)

◇◇◇◇◇◇◇◇◇◇◇◇◇◇◇◇ 編者·執筆者プロフィール ◇◇◇◇◇◇◇◇◇◇◇◇◇◇◇◇

萩原 なつ子（はぎわら·なつこ）

編者およびエピローグ担当

立教大学社会学部／立教大学大学院21世紀社会デザイン研究科·教授

（財）トヨタ財団アソシエイト·プログラム·オフィサー、東横学園女子短期大学助教授、宮城県環境生活部次長、武蔵工業大学環境情報学部助教授等を経て、現職。認定特定非営利活動法人日本NPOセンター副代表理事。広範なネットワークを活かして、さまざまな分野においてユニークで斬新なイベントをしかけている。環境社会学、男女共同参画、非営利活動論などが専門。

矢作 豊子（やはぎ·とよこ）

プロローグ、第5章担当

豊島区政策経営部広報課長。昭和53年豊島区入区。図書館、広報課（報道担当）、自治協働担当、学習·スポーツ課等を経て、平成23年9月より現職。広報課長というポジションゆえか、さまざまなミッションに巻き込まれたり、巻き込んだりの日々を送る。平成26年度としまF1会議アドバイザー委員。

小椋 瑞穂（おぐら·みずほ）

第1章担当

豊島区文化商工部文化観光課長。平成5年豊島区入区。図書館、財政課、議会総務課、国民健康保険課、男女平等推進センター等を経て、平成28年4月より現職。平成26年度としまF1会議アドバイザー委員。

佐藤 和彦（さとう·かずひこ）

第2章担当

豊島区区民部長。昭和61年豊島区入区。国民年金課、特別区職員研修所、リサイクル事業課、国保年金課、東京二十三区清掃一部事務組合、国保年金課長、防災課長、企画課長を経て平成28年4月より現職。防災課長時代に東日本大震災を経験し、企画課長時代には消滅可能性都市への対策に追われる。平成26年度としまF1会議アドバイザー委員。

山田 亜紀子（やまだ·あきこ）

第3章、第4章担当

平成19年より豊島区東池袋在住。2児の子育てをしながら都内企業で働く。プライベートで自らの池袋生活の充実を目的とした池袋の地域情報ブログを開設。縁あって地域情報紙での執筆活動を行う。平成26年としまF1会議委員、平成27年度池袋駅周辺地域再生委員会委員。

（順不同）

としまF1会議
「消滅可能性都市」270日の挑戦

2016年6月30日　第1版　第1刷

編　著　萩原 なつ子
発行者　篠原 信行
発行所　生産性出版
〒150-8307　東京都渋谷区渋谷3-1-1
日本生産性本部
電　話　03(3409)1132(編集)
03(3409)1133(営業)

印刷・製本　サン印刷通信
カバー＆本文デザイン　サン印刷通信

ISBN 978-4-8201-2055-1 C0030
Printed in Japan